# NONANT-LE-PIN

## Ses Foires et son Marché, etc.

PAR

Charles VÉREL, A.U

Membre de la Société Historique et Archéologique de l'Orne
et du Comité de Recherche et de Publication
des Documents relatifs à la Vie économique de la Révolution

ALENÇON, IMPRIMERIE HERPIN
Vve A. LAVERDURE, Successeur

1914

# NONANT-LE-PIN

Ses Foires et son Marché, etc.

# NONANT-LE-PIN

## Ses Foires et son Marché, etc.

PAR

Charles VÉREL, A ✪

*Membre de la Société Historique et Archéologique de l'Orne
et du Comité de Recherche et de Publication
des Documents relatifs à la Vie économique de la Révolution.*

ALENÇON, IMPRIMERIE HERPIN
Vve A. LAVERDURE, Successeur

1913

*A mon excellent maître et ami,*

MONSIEUR LOUIS DUVAL

Ancien élève de l'Ecole des Chartes,
Membre non-résident du Comité des Travaux Historiques et Scientifiques,
Archiviste honoraire de l'Orne,

*Je dédie cet opuscule.*

CH. VÉREL.

A Monsieur CH. VÉREL,

à Nonant-le-Pin.

*Mon cher Confrère et Ami,*

*Vous m'avez prié de vous communiquer quelques précisions au sujet de l'origine des foires de Nonant. Malheureusement, je n'ai pas plus que vous à ma disposition la fameuse diatribe* de Nundinis Romanorum, *que publia au commencement du XVII<sup>e</sup> siècle le savant Henri Dupuy, ou Van de Pitte, un des maîtres de l'Université de Louvain, mais il me semble que nous pouvons nous contenter des indications que nous fournissent les ouvrages des savants français du siècle dernier et ceux du nôtre.*

*L'existence des comptoirs ou* Emporia *des Eduens, des Carnutes, les relations lointaines des Osismiens et des Venètes avec l'Orient, l'Italie, l'Espagne et l'Angleterre sont connues (1).*

*Nous pouvons ajouter que les assemblées annuelles des Carnutes durent amener de bonne heure, dans ces contrées, l'établissement de véritables foires, analogues à celles que Numa institua dans la ville de Rome, peu d'années après sa fondation.*

*Aussi ne doit-on pas s'étonner que Mercure,* Mercurius negociator *surtout, ait été mis au premier rang des dieux par les commerçants de la Gaule, comme l'affirme si nettement Jules César dans ses Commentaires :* « Do

---

(1) Voir notamment une communication faite à la Société des Antiquaires de France, en *1853*, par *Ernest de Fréville*, sous ce titre : De la civilisation et du commerce de la Gaule septentrionale avant la conquête romaine.

*tous les dieux, Mercure est celui que les Gaulois ont le plus en vénération ; ils lui ont élevé nombre de statues ; ils l'honorent comme l'inventeur des arts et leur guide dans les chemins ; ils l'invoquent au moment de se mettre en voyage ; ils le considèrent comme le génie protecteur de la finance et du commerce* (1). »

Sur le mont Beuvray, M. Bulliot, en effet, a découvert un ex-voto qui paraît provenir d'un temple dédié à Mercure, ruiné à la fin du IV<sup>e</sup> siècle, à l'époque de la mission de saint Martial, et sur laquelle on distingue une inscription latine mutilée, que M. Héron de Villefosse a ainsi reconstituée :

AUG. MERCURIO SACRUM. NEG...
... VOTO SUSCEPTO

Le musée de Wiesbaden possède un autre ex-voto, trouvé en *1845*, à Heddernheim, qui rappelle les titres du même dieu à la reconnaissance des commerçants d'outre-Rhin :

IN HONOREM DOMUS DIVINAE,
MERCURIO NEGOTIATORI

Mercure *negociator* y est représenté assis sur un bélier. Autre ex-voto analogue à Metz, décrit par Ch. Robert, dans son Epigraphie gallo-romaine de la Moselle :

MERCURIO NEGOTIATORE SACR.
NUMISIUS ALBINUS. EX-VOTO

Enfin, dans les fouilles faites au sommet du Puy-de-Dôme, au milieu des ruines du vaste temple de Mercure, on a recueilli une inscription mutilée gravée en l'honneur du dieu par les *negociatores appartenant à une cité dont le nom manque.*

---

(1) C. J. Cæsaris, Commentarii de Bello Gallico, l. VI, CXVII.

*M. Héron de Villefosse fait observer, à propos du Mont-Beuvray, que ce lieu célèbre était déjà un centre d'affaires de premier ordre au temps de l'indépendance des Gaules. Le plateau du Mont-Beuvray, après la disparition de la cité gauloise, était resté le siège d'un des plus vastes et des plus importants marchés de la Gaule (1).*

*Il n'est guère douteux que sur le territoire d'Exmes il n'existe encore aujourd'hui de nombreux vestiges de son ancienne importance. On y a signalé les traces d'une voie romaine. On y a découvert à diverses époques des monnaies romaines.*

*A Rome, le collège des marchands en gros, « Corpus magnariorum », avait adopté Mercure comme patron et portait le nom de* Collegium Mercuriale. *On n'y était admis qu'après un sacrifice offert à ce dieu. Comme l'atteste Ovide dans ses Fastes :*

> *Te quicumque suas profitentur vendere merces*
> *Thure dato, tribuas ut sibi lucra rogant,*

*Mercure était la troisième divinité honorée à la fontaine de la Herse près Bellesme ; les deux premières étant Mars et Vénus. L'inscription qui le constate paraît être un ex-voto.*

*Il est possible que dès cette époque des* Fora, *des* Emporia, *des* Macella *aient existé à Exmes et à Sées pour la vente des denrées et marchandises apportées par les cultivateurs des environs. Ceux de Rome, comme on sait, étaient admirablement approvisionnés. Quatorze places ou* fora *y étaient spécialement affectées et désignées sous les noms de* Fora venalia ; *le* Forum olitorium, *marché aux légumes, était près du mont Capitolin ; il y avait le* Forum boarium, *marché aux bœufs ; le marché aux chevaux,* Forum equarium ; *le marché aux porcs,* Forum suarium ; *le marché au poisson,* Forum piscarium ;

---

(1) Bulletin de la Société nationale des Antiquaires de France, *1883* p. *107-108.*

*le marché au pain*, Forum pistorium. *Le poète Térence, dans son* Eunuque, *acte II, scène 2, nous donne la description d'un grand marché de Rome. Tout autour régnaient des portiques et des maisons garnies d'étaux et de grandes tables sur lesquelles on exposait les denrées et marchandises. Ces étaux étaient désignés sous les noms d'*Operaria mensae. *On y trouvait bouchers*, lanii, *charcutiers*, fartores, *des marchands d'oiseaux*, aucupes, *marchands de gros poissons*, cetarii, *pêcheurs*, piscatores, *cuisiniers*, coqui, *pâtissiers ou confiseurs*, cupedinarii. *L'ouverture du marché au poisson, dès cette époque, était annoncée par le son d'une cloche (1).*

*Néron fit bâtir un* Macellum *destiné à la vente de tout ce qui pouvait servir à l'alimentation. Il en fit en personne l'inauguration et le fit décorer de sa propre statue. Il fit, en outre, frapper une médaille à son nom, sur le revers duquel on voit un bâtiment rond, orné de colonnes et d'un perron de quatre marches. Le marché de Trajan*, Forum Trajani, *passait pour une merveille, au dire d'Ammien Marcellin, par le nombre d'arcades posées artistement les unes sur les autres qui l'entouraient. Constantin, dit-on, après l'avoir vu, désespéra d'en pouvoir faire une semblable.*

*Il est bon de remarquer toutefois que ce n'est pas du latin* Macellum *que nous avons tiré le français Marché, mais de* Mercatus, *qui avait le même sens.*

*De plus, comme à Rome les foires et marchés se tenaient tous les neuf jours, on leur avait, en outre, donné le nom de* Nundina, Nundinae (nona dies). *Ce terme avait, à son tour, donné naissance à un grand nombre de dérivés, adjectifs et verbes. Ainsi, Mercure étant, comme on l'a vu, le dieu des marchands, on lui a donné le qualificatif de* Nundinator, *dans certaines inscriptions.* Nundino, Nundinor, *signifiaient mettre en*

---

(1) *Plutarqae.* L. IV. Sympos., q. 3. — *Strobon Geograph.* L. XIV.

*foire, mettre en vente.* On donnait le nom d'Internundinum *à l'intervalle entre deux marchés.*

Nonant n'aurait-il pas tiré son nom de Nundinam ? Londinum *a bien donné* London, Lugdunum *Lyon,* Noviodunum *Noyon,* Augustodunum *Autun. Mais pour ces noms de cités nous avons des textes qui ne laissent aucun doute sur leur authenticité et sur leur antiquité. Pour Nonant, il n'en est pas de même. Le seul argument que vous auriez à faire valoir est l'appellation de* Nonantes *donnée à vos foires, et je vous avoue qu'il me paraît faible.*

*Notez encore que nous avons un autre Nonant, dans le Calvados ;* Nonantel, *sur le territoire de Saint-Lohier-des-Champs, près d'Argentan;* Nonancourt, *dans l'Eure ;* Nonanque, *abbaye de filles, au diocèse de Vabres, en Rouergue, nommée en latin* Nonnaticum ; Nonantala, *au duché de Modène. Or, on s'accorde à reconnaître dans ces noms le celtique* Nant, *vallée ou ruisseau, ce qui nous oblige pour Nonant à chercher l'origine de son nom ailleurs que dans* Nundinam.

*Je ne crois pas cependant qu'il soit inutile d'insister sur les traces profondes que la domination romaine a laissées dans notre pays. Cette influence bienfaisante devait survivre à l'Empire. La hiérarchie politique et militaire disparut, mais l'organisation sociale, les institutions qui la soutenaient ne furent pas anéanties par l'établissement des Barbares dans la Gaule. Quoique ce développement soit un hors-d'œuvre, puisqu'il n'a qu'un rapport très éloigné avec les foires de Nonant, je ne puis m'empêcher de vous rappeler deux faits qui me semblent démonstratifs.*

*Lyon étant la métropole de la Gaule celtique, on avait donné le nom de Lyonnaises aux quatre provinces du Nord qui en dépendaient. Rouen était la capitale de la seconde Lyonnaise. De Lyon partait une voie aboutissant à la Manche et de Rouen allant jusqu'à Boulogne. Or, cette voie coupait la route de Paris en Bretagne qui pas-*

sait par Sées, Saint-Gervais-du-Perron, où les traces d'une voie romaine sont encore visibles, et traversait la Sarthe vers Alençon. Son existence, à l'époque mérovingienne, est attestée par la vie de saint Paul de Léon, citée par l'abbé Dubos. Les maisons de poste établies de distance en distance pour les relais subsistaient même encore après Charlemagne, puisqu'un capitulaire de Charles-le-Chauve de l'an 864 défendit d'enlever les chevaux des Francs, obligés au service de l'ost et de la fourniture des palefrois nécessaires au service de là poste (1).

L'organisation des corporations industrielles et commerciales avait été l'œuvre d'Alexandre Sévère. On comptait dans les Collegia opificum les marchands de vin, les grenetiers, les cordonniers et tous ceux qui exerçaient les autres arts. Chacun de ces corps avait le droit de se choisir des chefs pris parmi ses membres. La plupart étaient des affranchis, qui, suivant les lois en vigueur dans le V<sup>e</sup> siècle, devenaient citoyens romains aussitôt qu'ils avaient été mis en liberté. Ils s'assemblaient pour régler leur police particulière et ils pouvaient même imposer sur leurs membres quelques taxes légères pour fournir aux frais de toute la communauté. Ces associations furent nombreuses dans la Gaule et l'on trouve des traces de leur survivance à l'époque mérovingienne. C'est ainsi qu'au VI<sup>e</sup> siècle on voit l'évêque de Verdun contracter un emprunt de 6.000 pièces d'or, avec intérêt, au nom d'une société industrielle de cette ville, pour lui permettre de faire des entreprises qui paraissaient devoir être profitables et qui réussirent, en effet, si bien qu'ils furent en état de rembourser bientôt le capital prêté avec les intérêts, et que la ville se trouva ensuite dans l'aisance (2).

Nous ne pouvons pourtant pas, mon cher Confrère,

---

(1) L'abbé Dubos, Histoire critique de l'établissement de la monarchie romaine dans les Gaules, t. II, p. 588.
(2) Maurice Prou, la Gaule mérovingienne. Bibliothèque d'histoire illustrée, p. 171.

*aller jusqu'à prétendre que Nonant, malgré les avantages que lui assura sa situation à l'époque galloromaine et même après, ait participé, dès cette époque, aux privilèges des villes, des* municipes *qui ont survécu à l'Empire et encore moins soutenir que le publicain saint Mathieu ait succédé directement au dieu que les anciens représentaient la bourse et le caducée à la main, en signe de son activité et de la protection des chemins, des voyageurs et du commerce, qui étaient dans ses attributions, et comme l'indique la racine de son nom* Merx, *d'où nous avons nous-même tiré, par exemple,* mercuriales. *Or, il est à remarquer que la bourse est également un des attributs de saint Mathieu, en souvenir de son ancienne profession de receveur des deniers publics. Dans l'*Histoire de la Peinture italienne, *par Giovanni Rosini (t. I, 1839, est reproduit un tableau de Matheo di Cambio, du XIV*e *siècle, qui représente cet apôtre dans son bureau, ayant à côté de lui un coffre à argent, une armoire, le tout accompagné de quelques autres motifs relatifs aux occupations d'un homme de banque (1). C'est vraisemblablement sous cette forme que l'image de ce saint est restée populaire et c'est ainsi que le corps des huissiers et sergents, comptés parmi les manieurs d'argent, l'ont pris pour leur patron. On prétend même que les officiers ministériels célébraient la Saint-Mathieu dans un banquet qui prêtait à la critique et qui jurait avec la parcimonie dont ils passaient pour faire profession, vice auquel on les accusait souvent d'ajouter l'usure. C'est de là, en tous cas, que Noël Du Fail, dans ses* Contes et Discours d'Eutrope, *chapitre XVI, fait venir le nom de* Fesse-Matthieu, *sous lequel on désignait les usuriers et les avaricieux :* « A Rennes », *dit-il en parlant d'un homme de ce caractère,* « on l'eust appelé Fesse-Matthieu, comme qui diroit

---

(1) *Guénebault*, Dictionnaire iconographique des Monuments de l'Antiquité chrétienne et du Moyen Age, *t. II, p. 139.*

*batteur de saint Matthieu (1), qu'on croit avoir esté changeur. »*

*On s'explique ainsi que les foires de Saint-Mathieu aient joui d'une grande réputation. On cite, dans notre pays, la Saint-Mathieu de la Ferté-Macé et celle de Longny, villes industrielles et commerçantes. Mais dans l'Etat des foires les plus considérables du royaume donné par les anciens Almanachs royaux, nous ne voyons figurer, outre ces deux villes, que « Le Mesleraux en Normandie, foire de bestiaux »*, *le 21 septembre, et « Nonan en Normandie »*, *le 22.*

*Il ne m'est pas possible, malgré mon désir de vous être agréable et de concourir à l'illustration de votre patrie d'adoption, où j'ai l'avantage de compter des amis dévoués, de pousser mes recherches plus loin sur le terrain glissant où je me suis laissé entraîner par vous, sans péril pour ma réputation de vieux savant et de loyal chartiste.*

Louis DUVAL.

---

(1) On donnait aussi aux maîtres d'école le nom de fesse-cul, *les corrections manuelles étant alors très en honneur, comme on le voit par la vie de saint Ignace, qui y fut soumis comme les autres à Sainte-Barbe.* (V. Mémoires de Claude Haton, Introduction, page XXVII.)

# NONANT-LE-PIN

## Ses Foires, son Marché, etc.

### Origines des Foires et Marchés

Le commerce, dit Charles Gide, n'a point commencé entre voisins, comme on pourrait être tenté de le croire, pour s'étendre peu à peu au loin. Entre les habitants d'une même famille, d'un même clan, il y avait trop de conformité d'habitudes et de besoins, une division de travail trop peu développée, pour qu'un mouvement d'échanges régulier pût prendre naissance. C'est entre des peuples éloignés et de régions différentes que l'échange a d'abord été pratiqué, parce que c'est là que la diversité des produits et des mœurs est imposée par la nature. Le commerce a été international avant d'être intérieur. Il a été maritime avant d'être terrestre. Comme Aphrodite dans la mythologie, les premiers marchands sont sortis de la mer (1).

Les Romains, dont nous sommes tributaires à tant d'égards, avaient leur marché *(macellum)*, de même que les Grecs (Μαχελλον), et le *Dictionnaire de Trévoux* cite un certain Enricus Putaneus qui aurait laissé un livre

---

(1) *Principes d'économie politique*, par Ch. GIDE, professeur d'économie sociale à la Faculté de droit de Paris. Paris, 11ᵉ éd., 1908, p. 208.

intéressant relatif aux foires de la ville de Rome *(De Nundinis Romanorum.)* (1).

Au moyen âge, les foires (du latin *Feria*, fête) coïncidaient avec des fêtes patronales ou assemblées généralement d'origine très ancienne, qui attiraient un grand concours de peuple. Au commerce des objets de piété, comme chapelets et images, vint s'ajouter la vente de toutes sortes de denrées et de marchandises. « A cette époque, où les communications présentaient de grandes difficultés, rapporte M. Chéruel (2), il était nécessaire qu'à des jours déterminés, les habitants des campagnes pûssent s'approvisionner dans quelques centres principaux. La France avait plusieurs foires annuelles très importantes. On cite entre autres la foire du Lendit ou de Saint-Denis, celles de Narbonne, de Beaucaire, de Lyon et ensuite les foires de Champagne. Les denrées de l'Orient, apportées à Marseille, remontaient le Rhône jusqu'à Lyon et de là se répandaient dans toute la France. Mais c'était principalement en Champagne que les marchands venaient faire leurs acquisitions. Ces foires étaient un rendez-vous des premières nations de l'Europe ; on y improvisait des villes — comme à Guibray, faubourg de Falaise (3) — dont les divers quartiers étaient occupés par les principaux représentants des industries du temps. Au tome IV des *Mémoires de l'Académie celtique*, p. 271, il est même fait mention de la foire des aveugles en Médoc.

Le titre le plus ancien que nous connaissions sur les foires de notre contrée est un parchemin de l'an 1037, par lequel Guimond, seigneur de Moulins (4), fait donation à

---

(1) Enrycus Puteanus, autrement Van de Piette, est aussi l'auteur du *Comus ou Banquet dissolu des Cimériens* traduit en français par M. Pelloquin en 1614.

(2) CHÉRUEL : *Dictionnaire historique des Institutions, Mœurs et Coutumes de la France*. Tome II. Ed. de 1880.

(3) La foire de Guibray était prise pour terme de payements dans la région, comme on le voit par une décision rendue le 23 mars 1558 au sujet de la redevance d'une demi-livre de clous de girofle due par Nicolas Guilbert, apothicaire à Argentan (Arch. de l'Orne, série H n° 3617).

(4) Moulins-la-Marche, arrondissement de Mortagne.

l'abbaye de Saint-Père de Chartres, dont Landry était alors abbé, de l'église de Planches (1), des dîmes dudit lieu, du village, *du droit de foire* et *de tarif*, de terres dans ladite paroisse, et en outre de plusieurs droits et fonds, tant en pêcheries sur son domaine de Moulins (2).

Les foires et marchés faisaient partie des droits domaniaux ou régaliens. Au roi seul appartenait par tout son royaume et non à d'autres la faculté d'ordonner toutes foires et tous marchés. Mais l'autorisation d'ouvrir des foires était généralement accordée aux seigneurs sur leurs fiefs et aux communautés religieuses sur les terres de leur dépendance. Les lettres patentes de concession de foires devaient être insinuées au Parlement.

C'est ainsi que dans son aveu rendu le 1er octobre 1467, le baron de Courtomer déclare « qu'il a droit d'une foire par an, le jour Monsieur Saint-Hilaire, et de laquelle foire les coustumes et forfaitures apartiennent au dict baron, et dont les bourgeois du dict lieu de Courtomer subjez au dict baron le jour de la foire, chacun en deux deniers de fenestraige dit estalage et en outre tous les hommes d'icelle baronnie, tant nuement que par moyen, sont subjects en coustumes et issues de toutes les denrées et marchandises qui sont vendues ou extraictes hors de la dite baronnie, et, en deffault d'icelles coustumes et issues non payées, le dit baron peut prendre et lever sur chacun des deffaillants les denrées vendues par forfaiture. »

Puis sur la demande dudit baron, le roi Henri III lui permit, par lettres patentes du mois de février 1588, d'ériger une nouvelle foire, le jour Sainte-Anne, et un marché le vendredi de chaque semaine : « Voullons et nous plaît, dit-il, que ausdits foire et marché tous marchans et aultres puissent aller, séjourner et retourner,

---

(1) Planches, canton du Merlerault, arrondissement d'Argentan. En 1412, Pierre Toutain était cueilleur ou fermier de la foire de Planches. Arch. de l'Orne, série H, n° 885.
(2) Chartrier de Brullemail (de notre collection).

vendre, changer et trocquer toutes danrées et marchandises licittes et convenables, comme il est accoustumé faire ès autres foires et marchés du dit pays d'environ, pourveu touttefois que aux dits jours il n'y ayt aultres foires et marchés à quatre licues à la ronde, auxquelles ces présentes puissent nuire et préjudicier » (1). Le roi permettait enfin audit baron « de faire construire et édiffier halles, bancs, étaulx et autres choses requises et nécessaires pour l'exercice et teneure d'icelles foire et marché ».

Les lettres de concession, que nous avons eu l'occasion de rencontrer dans nos recherches, sont presque toutes identiques, sinon par la forme du moins par le fond.

Mais chaque seigneur s'étant arrogé le droit d'établir des droits de coutume, le plus souvent onéreux pour le public, Henri IV crut devoir codifier les tarifs anciens et les rendre obligatoires dans toute la province de Normandie. En conséquence, le duc de Montpensier fit publier à Caen, en l'an 1604, une pancarte de tarifs de perception, qui fut regardée jusqu'à la fin du régime féodal « comme faisant le droit le plus commun de toute la province de Normandie ». Cette pancarte fut réimprimée en 1687 avec de légers changements et notifiée aux propriétaires de foires et marchés établis dans le ressort du Parlement de Rouen.

---

(1) Ch. Vérel : *Le Marquisat de Courtomer*, pages 23 et 33.

Selon les *Anciennes Lois des François, ou Additions aux Remarques sur les Coutumes angloises recueillies par Littleton*, par Houard, correspondant de l'Académie des Inscriptions, 1779, t. II, p. 140, « on ne pouvait pas tenir plusieurs marchés dans un même jour et on ne les établissait point à une distance moindre les uns des autres que six lieues et le tiers d'une lieue. La raison que Britton donne de cet usage est que la journée commune d'un voyageur ne peut excéder vingt lieues et qu'en divisant le jour en trois parties un marchand avoit six heures pour se rendre à chaque marché, six heures pour y trafiquer et six heures pour retourner chez lui ou en un autre marché. » Voir : *les leis et les coustumes que le reis William grantut à tut le peuple de Engleterre, après le conquet de la terre*. Preuves et pièces justificatives n° LXI. (Note communiquée par Louis Duval.)

En voici le texte intégral :

**Extrait de la pancarte et coutume royale de Normandie, et les droits qui se payent dans les villes et bourgs où il y a foires et marchez.**

En Normandie où il y aura ville, château ou bourgade, il y aura foires ou marchez, lesquels lieux seront ordinaires et proches des marchez, où ordinairement auront accoutumé de payer coutume, les marchands passans et repassans ausdites villes, bourgs et bourgades, et où se tient foires et marchez ordinaires, seront sujets payer à l'adjudicataire des dites coutumes, dont chacun en leur égalité de marchandise qui sera mise dans les marchez; et au cas que les dits marchands fissent refus de payer le maître de la dite pancarte et adjudicataire ordinaire des dits deniers, le dit adjudicataire les pourra arrester comme rebelles, et leur marchandise saisir et livrer à justice soit par le prévost ou sergent, et faire juger par les seneschaux des lieux, et en cas que force fust ausdits rebelles, au devoir ordinaire du Roy, ou receveurs, ou adjudicataire : et pourra ledit adjudicataire de par le Roy, faire exprés commandement ausdits assistans et habitans d'y mettre la main, sur peine d'en répondre, de poursuivre les dits rebelles jusques ou recouvrir on les pourra, lesquelles marchandises et chevaux seront confisquez, tant au profit du Roy que pour l'intérest dudit adjudicataire : lequel adjudicataire sera sujet lever drapeau ou billet haut élevé à l'endroit des dites coûtumes, qui sera en marque du dit devoir, bailler brévets selon la qualité de la marchandise; et pourra le dit adjudicataire en défaut de payement, pour un quart ou plus, si dû est, faire convenir les dits marchands, soit par le sergent ou prévost premier requis, à comparoir à bref jour par devant le seneschal, comme juge ordinaire des lieux, pour déclarer le nombre des marchandises qu'ils auront vendües et distribuées, et y être procédé, par un même, pour ceux qui fraudroient les dits deniers en la manière qui ensuit :

Pour chacun cheval ou jument, quatre deniers par pied, qui feroit saize deniers par cheval.
Par chacun bœuf ou vache, dix deniers.
Pour chacun mouton, deux deniers.
Pour chacun cochon ou porc, dix deniers.
Pour chacune chèvre ou chèvretin, deux deniers.
Pourceau de laict, trois deniers.
Veau de laict, trois deniers.
Agneau de laict, un denier.

Le bourrichet ou cheval sous la mère ne doit rien.

L'agneau sous la brebis ne doit rien.

Toute charge de cheval, denrée, soit viande morte, ou pain, excepté le vin en baraut, doit trois deniers (1).

Et la charge d'homme de vivres, deux deniers.

Et la charge de cheval de bled, doit dix deniers.

La charge d'homme, deux deniers.

La charge de froment, dix deniers.

La charge d'homme, deux deniers.

Tous estalliers, chacun trois deniers.

Toutes charges de drap ou toile, doivent saize deniers.

La charge d'homme de toile, quatre deniers.

La charge d'airain ouvré ou non ouvré, saize deniers.

La charge d'homme, trois deniers.

La charge de cheval, de vin ou de voide, saize deniers.

Chacune charetée de vin, ou autres boires, doivent par chacune foire, huit deniers.

Le cent de moruë, saize deniers.

La charge de poisson frais ou sallé, doit quatre deniers.

Par chacune charge de cheval de sel, quatre deniers.

La charge d'homme, deux deniers.

La chartée de voide à l'équipolent de la charge de cheval (2).

Tous bourgeois ou habitans, trafiquans de ce que dessus, les peines cy-dessus déclarées.

Toute ustencille servant à ménage qui ne se pourra porter par une seule personne, ou qui outrepassera la charge d'un homme, doit dix deniers.

La charge d'un homme, un denier.

Et pour la charge d'un homme, deux deniers.

Chacune charge de cheval de métaux d'aucune qualité qu'ils soient, doivent saize deniers.

Excepté le fer et l'acier, doivent saize deniers pour chacun cent.

Et les charges d'hommes, deux deniers.

---

(1) *Baraut*, baril.

(2) *Voide* ou *Guède*. Le pastel des teinturiers. La culture en était très répandue en Normandie avant celle de l'indigo. C'était une source de richesses pour plusieurs pays. Les guèdes étaient sujettes à la dîme : le 14 juillet 1292 les habitants de Trun transigèrent avec leur curé et les moines de Troarn au sujet de la dîme des guèdes (arch. de l'Orne, série H, n° 996). L'aveu rendu en 1413 par l'abbesse d'Almenesches, mentionne les dîmes de guèdes dans plusieurs paroisses du côté de Falaise et de Vimoutiers (L. DELISLE : *Étude sur la condition de la classe agricole et l'état de l'agriculture en Normandie au moyen âge*).

Et pour toutes sortes de marchandises par cent, doivent saize deniers.

Avec deffenses de ne peser à autre poids qu'au poids du Roy.

La charge de cheval de fruits qui outrepasse, huit deniers, et la chartée à l'équipolent.

La chartée de foin ou de fourrages, douze deniers.

Pour le cent de laine, compris le poids, deux sols huit deniers.

Pour le cent de cire, compris le poids, saize deniers.

Pour chacun cuir vert ou tanné, deux deniers.

Qui doit le prix et le denie, perd sa marchandise.

Le pan et volaille d'Inde doivent six deniers par pièce.

La chartée de bois, trois deniers.

Et toute autre charge de marchandise, doivent quatre deniers.

Et les chartées à l'équipolent, autres que celles qui sont comprises, chacun van, saize deniers.

La charge de cheval de fil, deux sols huit deniers, compris le poids.

La charge d'homme, dix deniers.

La chartée de vieils drapeaux à faire le papier, deux sols huit deniers (1).

Et la charge de cheval, huit deniers.

Et pour la charge d'homme de mercerie, six deniers.

Le cent de lard, graisse, beurre, doivent seize deniers, le plus, le plus, le moins, le moins.

Chacun moullard à émeudre, percé ou non percé, saize deniers (2).

Ville ou bourgade sortant des dits lieux payeront à raison. Ce que dessus est déclaré et contenu en la chartre normande, tant en la coutume ancienne que réformée, y recours, et commandé d'observer au maître de la pancarte ou adjudication des dites coutumes, de suivre la nature d'icelle, à peine de l'amende.

Fait et publié à Caen. De par le *Roy* et Monseigneur *de Montpensier* (3).

---

(1) *Vieils drapeaux*, chiffons.

(2) Une « meulle à taillant » était rangée parmi les choses communes dans le *Coutumier de la Vicomté de l'Eau*.

(3) A Rouen, de l'imprimerie d'Eustache Viret, imprimeur ordinaire du Roy, dans la Cour du Palais. M DC LXXXVII (De notre collection).

## La Foire Saint-Mathieu

Suivant une tradition qui, il est vrai, n'est pas rapportée dans la vie de saint Godegrand, évêque de Sées, écrite par saint Adelin, un de ses successeurs, mais qui remonte au moins au commencement du XIIIe siècle, la Grande-Brière en Nonant « est le lieu où, en l'an 765, saint Godegrand souffrit le martyre » (1). Ce domaine fut donné au XIIIe siècle au monastère de Sainte-Barbe-en-Auge, par Guérin de Granval, avec le consentement de Foulques, seigneur de Vieux-Pont, en Marmouillé. Peu de temps après, Robert de Cobardon, successeur de ce dernier, confirma cette libéralité.

Une foire très importante se tenait alors autour de la chapelle du château de la Brière, dédiée à Saint Mathieu ; elle coïncidait avec l'assemblée établie en l'honneur du célèbre évangéliste. Il convient de remarquer que la Saint-Mathieu tombant le lendemain de la Sainte-Eustache, fête patronale de la chapelle voisine de Montaigu, la juxtaposition de ces deux réunions peut avoir contribué à donner, pendant le Moyen âge, plus d'éclat à la foire de la Brière.

Les religieux de Sainte-Barbe, aussi propriétaires du prieuré de la Cochère, jouirent paisiblement de la seigneurie de la Brière et de la coutume et police de leur

---

(1) Voir : *Le Marquisat de Nonant*, par Ch. Vérel, page 20.

foire Saint-Mathieu jusqu'en l'an 1568, époque où le Roi leur ordonna, comme aux autres communautés ecclésiastiques, de verser une contribution de guerre fixée selon l'importance de leurs biens. Ils durent alors aliéner leur terre de la Brière, comme on le voit dans un acte du 22 décembre 1569, conservé aux archives du département de l'Orne (1) et dont nous donnons ci-après, vu son importance en l'espèce, une copie littérale :

Les commissaires subdélégués pour les diocèses de Normandie par Messeigneurs les Révérendissimes et Illustrissimes cardinaux de Lorraine et de Bourbon et nonce de notre Saint-Père le Pape devers le Roy, commissaires délégués par Sa Sainteté, par sa bulle du vingt-quatrième jour de novembre mil cinq cent soixante-huit, vérifiée, publiée et enregistrée ès courtz de parlement de Paris et Rouen, avec les lettres patentes du Roy, pour procéder à la vente et aliénation de cinquante mille écus de rente du revenu temporel et biens des ecclésiastiques et bénéficiaires de ce Royaume, pour les deniers de ce provenant être convertis et employés aux frais que le Roy est contraint faire pour raison de la guerre présente. A tous ceulx qui ces présentes lettres verront, salut. Sçavoir faisons, qu'après avoir reçu la commission à nous adressée par les dits délégués du vingt-troisième jour de febvrier dernier, nous avons suivant icelle et article de instruction à nous envoyez, du vingt-cinquième du dit mois de febvrier, et lettres patentes du dit seigneur Roy, du vingt-sixiesme de may dernier, décerné nos commissions à plusieurs sergents royaux, pour se transporter aux dits diocèses et lieux désignés et déclarés ès roolles de quotization à nous envoyés pour signifier le contenu ès dites lettres de commission et faire les sommations et interpellations à ce requises et nécessaires, le tout selon la forme et teneur des dites commission et instruction ; après lesquelles signification, déclarations et interpellations, les religieux, prieur et couvent de Saint-Martin-d'Escageolet (2), autrement

---

(1) Série H. Liasse n° 2080.
(2) Le Prieuré de Sainte-Barbe-en-Auge était situé dans la commune d'Écajeul, canton de Mézidon. Il ne reste plus rien des bâtiments de ce prieuré qui relevait de l'ancien diocèse de Lisieux (*La Chronique de Sainte-Barbe-en-Auge*, par M. R. Norbert SAUVAGE, inséré aux Mémoires de l'Académie nationale des Sciences, Arts et Belles-Lettres de Caen, 1906 et 1908).

de Sainte-Barbe-en-Aulge, du diocèse de Lisieux, quotizés à cinquante écus de rente, auroient entre autre chose exposé et mis en vente, comme moins dommaigeable à leur église et prieuré, une terre noble nommée la Brière, sous la chatellenie d'Exmes, à jouir et user en pure et franche omosne, basse justice, dont le chef est assis en la paroisse de Nonnant et s'étend en la paroisse de Marmouillé et ès environs; et y a prévost, hommes, hommages, gaige-plége, domaine fieffé et non fieffé, rentes en deniers, œufs, oyseaulx, *avec droictures de foire le jour et fête Saint-Mathieu, en Septembre, dont la coutume et autres libertés appartiennent aux dits religieux, prieur et couvent*, auquel fief y a chapelle, maison, manoir, estang, et consiste le domaine non fieffé en six-vingts acres de terre ou environ, tant en bruyères, buissons, prez, pastures, que terres labourables, le tout tenant ensemble et ainsy qu'il se contient et comporte, jouxte d'un côté le grand chemin d'Argentan et la Sente aux forêtz, d'autre costé les héritages de gens appelés Bordin et Macey Bonnevent, gens appelés Brissot, Fauvel, Gouppil, Laudier, Amelland et Mauguy, chacun en partie; d'autre bout, gens appelés Villey, Baron, Bonnevent, Loysel et Chevalier, chacun en partie, laquelle terre et seigneurie de la Brière en toutes ses circonstances, dépendances, dignitez, libertez et droicture qui y appartiennent, sans rien en excepter, réserver ne retenir, les dits religieux, prieur et couvent auraient avaluer et estimer, suivant les baux qui en auroient été par ci-devant faits, au prix et somme de soixante-trois livres dix sous tournois de revenu annuel, pour être adjugé au denier vingt-quatre du prix de la dite avaluation et au dessus au plus offrant et dernier enchérisseur, s'il se trouvoit aucuns qui à plus grand prix la voulsissent enchérir, oultre les cinq pour cent pour les frais et aus charges contenues ès articles de instruction à nous envoyez, et afin qu'il fût notoire à un chacun, iceux religieux, prieur et couvent l'auroient fait publier et mettre par affiches tant ès villes de Sées et Exmes qu'en la ville de Rouen, ès lieux accoutumés à faire telles proclamations et affiches publiques par Jean Mallard, sergent royal à Sées, Gilles Allain, aussi sergent royal en la vicomté d'Argentan et Exmes, et Jehan Vienne, huissier en la cour de parlement du dit Rouen, respectivement les treizième et dix-huitième jours d'aoust dernier, par lesquelles proclamations et affiches ils auroient déclaré et fait entendre publiquement à toutes personnes qui voudroient enchérir icelle terre et seigneurie de la Brière qu'ils eussent à comparoir par devant nous au jour et ainsy qu'il est contenu ès procès verbaux des dites proclamations et affiches, et ils y seroient oys et reçus. Et cejourd'hui vingt-deuxième de décembre mil cinq cent soixante-neuf, est comparu par devant nous Domp Pidore Heultez, l'un des religieux du dit prieuré de Sainte-Barbe-en-Aulge, procureur spécialement constitué, tant par le prieur que religieux et couvent du dit prieuré par lettres de procuration par lui exhibées, passées par les dits religieux, prieur et couvent, pour ce congrégez et assemblez au son de la cloche au chapitre du dit prieuré, par devant Estienne Paisant et Jehan Guignet, tabellions royaux en la vicomté de Falaise au siège de Saint-Pierre-sur-Dives pour Mézidon, le dix-huitième jour de ce présent mois de décembre, lequel Heultez, au dict nom, nous a fait apparoir des procès-verbaux des dits Mallard et Alain, sergents, et Vienne, huissier, ayant respectivement fait les proclamations, affiches et diligences susdites, aux fins de l'adjudication de la dite terre et seigneurie de la Brière, nous requérant, en rectifiant en vertu de son dit pouvoir et procuration tout ce qui a été et sera fait aux fins d'icelle adjudication, qu'il y soit par nous présentement procédé ; en ayant égard à laquelle requête et ratification, après que nous avons fait faire lecture par le dit Vienne, huissier, de la procuration du dit Heultez, par nous trouvée et déclarée suffisante et valable pour cet effet, ensemble des procès-verbaux des dites proclamations, affiches et diligences, lesquelles nous avons pareillement trouvées et déclarées avoir esté et estre bien et dûment faites, et fait d'abondance crier et proclamer à haute voix, s'il y a aucun qui veuille enchérir la dite terre et seigneurie de la Brière, dessus désignée et déclarée au prix du denier vingt-quatre de la dite avaluation de soixante-trois livres dix sous de revenu annuel et non à moindre prix, ains au dessus, qu'il est à le dire et déclaré présentement, pour y être par nous oy et reçu s'est présenté, par devant nous, Simon Dubois, demourant en cette ville de Rouen, lequel a mis et enchéri icelle terre et seigneurie de la Brière en toute ses appartenances, circonstances et dépendances, au nom, profit et utilité de noble homme et sage maître, Philippe de Montagu, conseiller du Roi en sa Cour de parlement au dit Rouen (1), au prix et somme de mille cinq cent vingt-quatre livres tournois pour

---

(1) Sur la maison de *Montaigu*, voir notre mémoire sur le *Marquisat de Nonant*, page 71.

une fois payée, oultre les cinq pour cent pour les frais et aux charges contenues ès articles de instruction à nous envoyez, auquel Simon Dubois au dit nom, pour ce qu'il n'a comparu aucun qui ait voulu enchérir à plus grand prix, nous avons adjugé et adjugeons par ces présentes la dite terre noble nommée la Brière, tant en domaine, fief, manoir, maison, chapelle, estang, avec toutes et chacunes des dignitez, libertez et droictures qui y appartiennent, sans rien en excepter, réserver ne retenir en aucune manière au dit prix et somme de mille cinq cent vingt-quatre livres tournois, pour une fois payés, oultre les cinq pour cent pour les frais et charges sus dits, le tout à la requête et de l'exprès accord et consentement du dit Heultez au dit nom et ordonné que les dits religieux, prieuré et couvent de Sainte-Barbe-en-Aulge seront tenus et contraints bailler et délivrer actuellement et promptement au dit seigneur de Montagu, adjudicataire, toutes et chacunes les lettres, papiers, aveux, chartes, titres et enseignemens qu'ils ont et pourront recouvrer concernant la dite terre noble de la Brière, droictures et appartenances d'icelle, ainsi par eux exposée en vente et à lui présentement adjugée, pour en jouir et user par icelui seigneur de Montagu, ses hoirs, successeurs et ayans cause, dès maintenant et à toujours comme de son propre héritage, vrai et loyal acquest, tout ainsi que les dits religieux, prieur et couvent de Sainte-Barbe-en-Aulge ou aultres à leurs droits, en ont par ci-devant joui et usé ou pu et dû jouir et user, en payant promptement par le dit seigneur de Montagu la dite somme de mille cinq cent vingt-quatre livres tournois ès mains de maître Claude Leprêtre, commis de maître Claude Marcel, receveur général du clergé de France, et deniers provenans de la vente et aliénation des dits cinquante mille écus de rente, en l'acquit et décharge des dits religieux et prieur et couvent de Sainte-Barbe-en-Aulge, avec les cinq pour cent.

En tesmoing de ce, nous avons fait apposer à ces présentes, signées de notre greffier, en cette partie, le seel dont nous usons en notre dite commission.

Donné à Rouen, le dit vingt-deuxième de décembre, l'an mil cinq cent soixante-neuf.

Par ordonnance de Messieurs les Commissaires,

GODFROY.

Le seigneur de Montaigu, qui avait ainsi agrandi notablement ses domaines, perçut à son profit les droits de là foire Saint-Mathieu depuis 1570 à 1613, époque à laquelle son fils, Pierre de Montaigu, fut contraint de rendre, moyennant une forte indemnité, ses titres de propriété concernant la terre de la Brière et les droits de coutume y attachés. En effet, le 21 octobre 1607, à Bernai, les jésuites de Caen ayant acquis des religieux de Sainte-Barbe le prieuré qu'ils possédaient à la Cochère, obtinrent du Roi, l'autorisation de retirer la terre et seigneurie de la Brière, comme le montre une quittance de l'an 1613 mise en marge de l'acte que nous venons de transcrire.

Il a été paié ès mains de noble homme monsieur, maître Pierre de Montagu, conseiller du Roi en la Cour de Parlement de Rouen, fils et héritier du dit seigneur de Montagne, par les Pères Jésuites du collège royal de Caen, la somme de trois mil cinq cent livres tournois pour le remboursement au dit sire de Montagu de la terre et seigneurie du dit lieu de la Brière, retirée par les dits pères Jésuites, en vertu de l'édit du Roi, enregistré au Parlement de Rouen, et quittance du dit remboursement passée devant les tabellions royaux à Rouen, soussignés, le vendredi vingtième jour de décembre mil six cent et treize, en vertu de laquelle le présent dédit à été fait.

DUBOSC, LEPAGE.

Cependant la réunion officielle du prieuré de la Cochère au collège des Jésuites de Caen ne fut autorisée qu'en vertu d'une ordonnance du 11 mars 1633, après des pourparlers qui avaient duré plus de 25 ans (1).

Bien avant la fin de ces difficultés, les nouveaux pro-

---

(1) Voir : *Notes sur le Prieuré de la Cochère* aux XVIe et XVIIe siècle, par M. Henri Tournoir (Bull. de la Société hist. et arch. de l'Orne, Tome XV, p. 471.)

Les religieux de Sainte-Barbe ne demeurèrent pas moins présentateurs au bénéfice curial de Marmouillé. La municipalité et les habitants de cette paroisse exposèrent à l'Assemblée nationale qu'à la mort de leur regretté curé (28 avril 1790), les Genovéfains, de Sainte-Barbe-en-Auge (*) lui avaient désigné un successeur en leur qualité de présentateurs. Le nouveau curé prit possession le 10 mai 1790, mais les paroissiens n'acceptèrent point cette nomination, contraire aux récents décrets ; ils voulaient comme pasteur l'abbé Asse, leur vicaire. (Même bulletin, Tome XXXII, 3e fascicule, p. CXXXVIII.)

(*) Ainsi qualifiés parce qu'ils faisaient partie d'une congrégation établie d'abord à Paris pour prier sur le tombeau de sainte Geneviève (Genovofa) et qui se répandit ensuite dans toute la France.

priétaires de la Brière avaient consenti à détacher de leur seigneurie les droits de coutume de la foire Saint-Mathieu en faveur du marquis de Nonant, moyennant un rente annuelle de 80 livres. Ce dernier dut alors transférer cette foire dans son bourg de Nonant — où elle s'est toujours tenue depuis — ce qui incita François Doynel, chevalier, seigneur de Montécot, puis de la Brière vers l'an 1650, à demander « le rétablissement de la foire de la Brière qui existait autrefois en cet endroit. »

Il est présumable, sinon certain, que le marquis de Nonant fit opposition à l'enregistrement des lettres patentes, qui furent signées à cet effet au mois de juin 1655, comme portant atteinte à ses droits incontestables sur la coutume de la foire de la Brière ou de Saint-Mathieu.

Il demeure donc établi qu'après son acquêt de la baronnie du Merlerault, en date du 10 février 1618, le marquis de Nonant réunissait en ses mains tous les droits de coutume pouvant se percevoir au Merlerault et à Nonant (1), savoir, d'après les anciens titres :

Au Merlerault : un marché le lundi et deux grandes foires dites de Saint-Michel.

A Nonant : un marché le vendredi et cinq foires, comme nous le verrons dans un autre chapitre.

Mais, si à la veille de la Révolution, le Merlerault possédait encore ses réunions commerciales, en revanche Nonant était privé de son marché depuis longtemps et jouissait seulement d'une foire, celle de Saint-Mathieu, d'ailleurs en pleine décroissance.

---

(1) A l'exception toutefois de la foire Saint-Nicolas du Merlerault que les anciens barons du lieu avaient aumônée aux chanoines de la Collégiale. Cependant, ces ecclésiastiques abandonnaient le tiers des droits perçus au marquis de Nonant, quand leur foire tombait le lundi, pour l'indemniser de la perte de son marché.

# Les Agents du Marquis de Nonant
## sont malmenés à la Foire Saint - Nicolas du Merlerault (1682)

Sous le règne de Louis XIV, la prospérité des foires et marchés de Normandie était telle que le fisc, d'une part, et les ducs d'Alençon, d'autre part, recherchèrent les moyens de prélever une sorte de tribut sur les sommes considérables produites par les droits de coutume.

Ainsi, en 1679, les agents du fermier général des Aides de France, ne craignirent pas d'apposer dans la contrée des affiches où ils faisaient « défense, de par le Roi, à toutes personnes de loger et de retirer aucuns chevaux n'y autres bestiaux pendant les foires, sans mettre un bouchon et payer les droits d'aydes ». Ces affiches furent blâmées le 10 janvier 1680 par l'administration, laquelle prescrivit même la peine de 300 livres d'amende contre tous ceux qui, à l'avenir, se permettraient de semblables publications.

Les seigneurs d'Alençon s'étaient jusqu'alors contentés, moyennant finances, d'établir des offices de visiteurs de moulins, poids et balances : Antoine de Bourbon, roi de Navarre et usufruitier du duché d'Alençon, avait créé en 1547, en faveur de M. de Torcy, un office de visiteur de moulins, poids et balances, dans son duché et balliage, charge confirmée en 1550 par le Roi Henri II. Quatre ans plus tard l'office passait dans les mains d'un sieur de

Vaucelles, chevalier, lequel obtint de la grande chancellerie en 1556 et 1557 des lettres qui ajoutaient au dit office de visiteur, *le droit d'aunage et de mesurage* dans le bailliage d'Alençon ; mais le Roi Charles IX se bornait dans ses provisions à reconnaître la charge de visiteur de moulins, poids et balances seulement. En 1564, la reine Catherine de Médicis n'en dit pas davantage lorsque l'office fut attribué à un sieur Menard, destitué en 1570 sous prétexte qu'il était de la religion prétendue réformée. Il fut remplacé par Mathurin Le Loup.

Une autre personne, Julien Le Roy, s'était prétendue propriétaire d'un office de langayeur (1) dans le même bailliage, mais ses successeurs, notamment Louis de Montpellier, ne purent produire des titres suffisamment concluants.

En 1682, les seigneurs du duché et bailliage d'Alençon furent gravement troublés dans leurs privilèges par Louis de Lespine, se disant pourvu par Isabelle d'Orléans, duchesse de Guise, d'Alençon, et d'Angoulême « des offices de visiteur de moulins, balances, poids et mesures, jaugeur, auneur de sarge, draps et toiles et mesureur de grains » et par Louis de Montpellier, se déclarant titulaire d'un office de langayeur.

Leurs agents commencèrent à revendiquer leurs droits, d'une manière violente, au marché du Mesle-sur-Sarthe et, malgré la protestation du seigneur du lieu, ils furent maintenus dans leur droits supposés par une sentence rendue au bailliage d'Alençon, le 27 septembre 1684.

Nicolas-François, comte de Montgommery, propriétaire de ce marché, fit appel de cette sentence, et plusieurs seigneurs voisins également menacés dans leurs intérêts, se constituèrent *demandeurs en requête d'intervention*, savoir : le duc de la Force, seigneur de Chennebrun, le marquis de Laigle, le marquis de Nonant, le marquis d'O,

---

(1) Le langayeur était chargé de visiter la langue du porc pour voir s'il n'était pas atteint de ladrerie.

le marquis de Putanges, le comte de Grancey, le comte de Carrouges, auxquels vint se joindre Renée Godechat, femme civilement séparée de Ch. Le Moul, propriétaire de la sergenterie et fief de jauge de la vicomté d'Argentan, Exmes et Trun.

« Car enfin, disent les défendeurs, y a-t-il rien de plus extraordinaire et de plus injuste que la prétention de ces nommés de Lespine et de Montpellier, qui se sont mis en teste de déposséder tous les gentilshommes du duché d'Alençon des droits dont ils jouissent depuis trois ou quatre siècles dans leurs foires et dans leur marchez, et qui prétendent, sous le titre d'une charge imaginaire, s'emparer des mêmes droits pour en faire leur profit particulier ?

« Mais, y a-t-il rien de plus violent que la manière qu'ils ont tenue pour parvenir à leur entreprise à l'égard du seigneur marquis de Nonant ?

« Il y a trois cents ans et plus que le marquis de Nonant est en possession de ces droits de foires et marché du Merleraut ; il y a presque aussi longtemps que ses prédécesseurs ont donné à l'église collégiale du même bourg (1) une des trois foires qui s'y tiennent par chacun an ; c'est celle du sixième jour de décembre, jour de saint Nicolas. Les dits de Lespine et Montpellier ont choisi cette journée pour rendre leur entreprise et leur violence plus solennelles, ils ont envoyé au bourg du Merleraut une troupe de gens pour la plupart couverts de livrées ou de bandollières, qui commencèrent d'abord à chasser le receveur de la coustume, qui se saisirent de force de son boisseau et s'emparèrent des droits qu'il percevait. Et comme cela causa un grand bruit dans tout le marché, le séneschal du sieur marquis de Nonant, qui arrivoit dans ce moment et descendoit de cheval, estant venu pour y donner ordre, les envoyés des dits de Lespine et Mont-

---

(1) Pour la collégiale du Merlerault, voir notre mémoire sur le *Marquisat de Nonant*, p. 28 note, 127, 131.

pellier luy sautèrent au colet, luy arrachèrent sa cravate et son épée, et lui donnèrent quantité de coups de pied et de poing. »

Dans son jugement du 15 mars 1685, le Parlement de Rouen ordonne que les dits comte de Montgommery et marquis de Nonant « jouiront et percevront les droits en question à la charge de les faire rapporter si faire se doit, et à la caution de leurs fiefs ; et reçoit la dame de Guise, partie intervenante, et pour faire droit sur son intervention, ordonne que dans trois mois, les parties possédant marchez dans le bailliage et duché d'Alençon seront tenus d'apporter au greffe de la Cour les titres en vertu desquels ils perçoivent les dits droits concernant leurs foires et marchez, pour iceux communiquez au Procureur général du Roy, estre fait droit ainsi qu'il appartiendra (1). »

Nous ignorons la suite donnée à cette affaire, mais il est présumable que les titres produits par les défendeurs furent reconnus suffisants, car dans le chartrier de Courtomer, si intéressant pour les questions économiques des XVII$^e$ et XVIII$^e$ siècles, il n'apparaît pas que les « demandeurs en requête d'intervention » eurent à souffrir désormais des prétentions formées par le sieur de Lespine ou ses successeurs.

Cependant, par un édit du 2 juin 1704, le Roi créa des offices de jurés vendeurs de porcs, et le Conseil d'Etat, dans un arrêt du 21 du même mois, prescrivait « que pour faciliter le paiement des droits attribuez aux dits offices, les dits vendeurs seraient tenus d'avoir dans tous les lieux, où il y a foires et marchez, des bureaux dans lesquels tous les marchands et autres faisans commerce de porcs, seraient tenus de faire leur déclaration en arrivant de la quantité de porcs qu'ils auroient amenés et ce avant que les dits porcs pûssent être exposés en vente, à peine

---

(1) Jugement, in-folio, 9 pages, 1685, sans nom d'imprimeur (de notre collection).

du double des droits en cas de contravention ou de fausse déclaration (1). »

Dans la suite, les seigneurs eurent encore à se plaindre des empiètements, exercés par des sergents et gens de justice, sur la police de leurs marchés, qui leur appartenait incontestablement. Ainsi, Jean Collet, intendant du marquisat de Courtomer, écrivait le 8 septembre 1769 :

« Trois huissiers, sergents de ce lieu, s'estoient déjà depuis quelque temps attribué le droit d'arrêter dans le marché, sur la clameur publique, ceux qui leur estoient dénoncés. Il y a trois semaines qu'ils supposèrent qu'un nommé B..., du Plantis, avoit voulu voler la jument d'un particulier des environs, qu'il avoit empruntée, pendant le cours du marché, pour aller chez lui chercher des papiers et s'opposer à la vente de ses meubles, qu'ils avoient saisis et qu'ils proclamoient. Ils arrestèrent cet homme comme il revenoit avec la jument ; ils le maltraitèrent et le conduisirent, lié et garotté, aux prisons d'Alençon. Le juge ayant informé et reconnu la vérité des faits, a décrété les trois sergents et les a fait loger en prison. L'affaire s'instruit et on ne voit pas comment ils s'en tireront, à joindre que celuy qu'ils avoient pris est bien mal ; s'il mouroit, l'affaire, quoique sérieuse, le deviendrait encore davantage. Ces docteurs gastoient le marché de Courtomer et mes remontrances n'avoient aucun effet sur leur esprit, mais ils vont être corrigés d'importance (2). »

---

(1) Placard in-folio, 1 page. Alençon, chez Pierre Augereau, imprimeur ordinaire du Roi.
(2) Livre de correspondance de l'Intendant du Marquisat de Courtomer, conservé dans nos archives.

# Le Marquis de Nonant
## verse au Trésor une année de revenus de ses foires et marchés.

Les seigneurs se conformaient difficilement aux tarifs de la Pancarte normande, les considérant comme bien inférieurs à ceux établis dans leurs fiefs. Certains d'entr'eux avaient même créé des foires et marchés sans autorisations préalables.

Le Roi résolut de mettre bon ordre à cet état de choses en signant ces lettres patentes, auxquelles les besoins urgents de l'Etat sembleraient plutôt donner le caractère d'une mesure fiscale. Elles furent signifiées au marquis de Nonant le 18 mai 1696 :

Louis, par la grâce de Dieu, Roy de France et de Navarre, à tous présens et à venir, salut. Nous avons esté informé qu'encore que les droits de foires et marchéz n'appartiennent qu'à Nous et à ceux auxquels ils ont pu estre concédez par Nous ou les Rois, nos prédécesseurs, cependant il se trouve un grand nombre de villes et bourgs dans notre royaume dans lesquels les seigneurs ou communautés ecclésiastiques ou laïques en ont établi de leur autorité privée, et y perçoivent sans titres et à la charge de nos sujets, plusieurs droits sur les marchandises et denrées qui se débitent, dont ils tirent un profit considérable, et que ceux mêmes lesquels en ont obtenu des concessions de Nous ou des Rois, nos prédécesseurs, ont étendu considérablement leurs droits au delà des termes de leurs concessions et des tarifs suivant lesquels ils en doivent jouir ; ce qui nous mettroit en droit de faire une recherche exacte des indues jouissances, pour les faire rapporter à notre profit. Mais comme cette recherche ne pourroit se faire qu'avec beaucoup de frais et à la ruine de plusieurs de nos sujets, dont quelques-uns se trouvent même possesseurs de bonne foy, Nous avons jugé plus à propos de confirmer à perpétuité tous ceux qui jouissent à présent des dits droits, dans leur possession et jouissance, et d'exiger d'eux pour cet effet une légère finance, dont Nous pourrons tirer quelque secours que nous employerons utilement aux dépenses de la guerre.

*A ces causes* et autres à ce Nous mouvans, de notre certaine science, pleine puissance et autorité royale, Nous avons par le présent édit perpétuel et irrévocable, maintenu et confirmé, maintenons et confirmons tous les particuliers ou communautez ecclésiastiques ou laïques qui jouissent de foires et marchez et droits en dépendans dans les villes, bourgs ou paroisses de notre royaume, pays, terres et seigneuries de notre obéissance, en vertu de lettres de concessions de Nous ou des Rois, nos prédécesseurs, dûement enregistrées, ensemble ceux qui justifieront par bons titres une possession centenaire, dans leur possession et jouissance à perpétuité, pour en jouir ainsi qu'ils ont droit de faire en nous payant seulement une année des revenus qu'ils tirent des dites foires et marchez et droits en dépendans. Maintenons pareillement et confirmons à perpétuité tous ceux qui jouissent des dites foires et marchez et droits en dépendans, sans lettres dûement vérifiées, à la charge de nous payer, sçavoir : pour ceux qui rapporteront des actes de possession avant l'année 1660, deux années de leur revenu, et par ceux qui ne justifieront de leur possession que depuis la dite année 1660, quatre années de leur revenu. Et afin que leur possession soit encore à l'avenir mieux établie, Voulons que par les sieurs intendants et commissaires départis dans les provinces et généralités de notre royaume, que nous avons pour ce commis, il soit incessamment aresté des tarifs des droits qui seront levez dans les dites foires et marchez, suivant les anciennes pancartes, s'il y en a, sinon suivant l'usage ordinaire des lieux, pour en jouir par ceux qui seront confirmez en vertu du présent édit, conformément aux dits tarifs, sans qu'ils puissent percevoir autres et plus grands droits, à peine de concussion. N'entendons toutefois à l'égard des ecclésiastiques comprendre au présent édit que ceux qui se trouveront jouir des dites foires et marchez sans titres et ne justifieront d'actes de possession que depuis l'année 1660.

**Si donnons en mandement, etc.**

Le 21 février 1696, un arrêt du Conseil d'Etat du Roi commettait maître Jean Braché, bourgeois de Paris, pour le recouvrement des sommes mises à la charge de ceux qui percevaient des droits de coutume sur les marchandises dans les foires et marchés. M. de Pommereu, intendant de la généralité d'Alençon, remit le rôle de cette contribution au représentant du dit sieur Braché, maître Etienne de Lavergne, dont le bureau était situé proche la porte de Lancrel, à Alençon. C'est là que le marquis de Nonant dut faire acquitter le montant de sa contribution, représentant une année du revenu de ses foires et marchés.

La perception des droits de coutume ne continuant pas moins à s'effectuer d'une manière illégale, la Cour de Rouen se trouva, le 14 août 1748, dans l'obligation de forcer les propriétaires de présenter à nouveau leurs tarifs : « Quoique la Pancarte générale et coutume royale de Normandie, dit-elle, soit également respectable par son antiquité et par les arrêts qui l'ont confirmée, cependant elle reçoit tous les jours des plaintes de son inexécution, la plupart des seigneurs affectans de la regarder comme un titre qui n'intéresse que les adjudicataires des droits du Roi, dans les lieux où ces droits se perçoivent à son profit, et sous ce prétexte exigent des droits arbitraires, ou se sont fait de leur propre autorité des pancartes particulières, souvent plus fortes que le général et toujours préjudiciables au public par l'incertitude où il se trouve des droits qu'il doit payer et par le trouble, la rumeur et les voies de fait qu'occasionnent souvent cette incertitude et l'avidité de la plupart des fermiers et adjudicataires. »

Une déclaration du Roi, donnée à Versailles le 12 mars 1752, confirmant l'arrêt de la Cour de Rouen, ordonnait non seulement l'approbation des tarifs, mais encore leur affichage dans l'endroit le plus apparent des marchés ; « que le droit de coutume serait payé par l'acheteur seul, à l'égard des bêtes vivantes, et par le vendeur seul pour toutes autres denrées ou marchandises; qu'enfin, le droit de halle ne seroit perçu que sur ceux qui étaleroient volontairement sous le toit des halles, sans que ceux qui apporteraient des marchandises aux foires et marchés puissent être contraints d'étaler sous les dites halles, s'il n'y avait titre contraire. »

Il serait à supposer que, malgré les mesures prises par le Roi, les seigneurs n'en continuèrent pas moins à s'écarter des tarifs officiels de Normandie. En effet, on ne trouve nulles traces, ni dans les concessions, ni dans la pancarte, ni dans les aveux, d'une taxe singulière qui se percevait au marché de Courtomer. Sous le titre de *droit de massacre*, le seigneur prélevait, pendant tout le cours du dix-huitième siècle, les langues de tous les animaux abattus le vendredi qui précédait le mardi gras. Généralement, il faisait vendre ces langues à son profit, à raison du prix moyen de 12 sols pour une langue de bœuf et de 8 sols pour une langue de porc. De 1739 à 1746, le produit s'élevait à environ 4 l. 10 sols; en 1750, le cuisinier du château recevait six langues de bœuf et douze langues de porc; en 1758, vingt-quatre langues. Enfin, en 1784, le produit de la vente atteignait le chiffre de 16 livres en espèces.

# Nonant cherche à rétablir ses Foires et son Marché.

Le contrôle général de la classe bourgeoise de Nonant pour le casernement des troupes, donne une idée de la situation économique de cette paroisse en l'année 1784.

On trouve parmi les habitants du bourg :

Marion Pierre, aubergiste à la *Crosse*, qui pouvait loger 6 hommes et 8 chevaux.

Mesnil Jean, aubergiste au *Lion d'Or* : 6 hommes et 9 chevaux.

Auvray Jean, aubergiste à la *Pomme d'Or* : 4 hommes et 8 chevaux.

Bigot Pierre-François, fermier de la basse-cour du château : 6 hommes et 6 chevaux.

Gondouin Pierre, entrepreneur des ponts et chaussées : 4 hommes et 4 chevaux.

Bocher Charles, débitant de sel : 2 hommes et 2 chevaux.

Rombault-Lanos, préposé des *vingtièmes* (1) : 2 hommes et 2 chevaux.

Delaporte Thomas, qui tient le bureau des cartes : 2 hommes et 2 chevaux.

Chrétien Antoine, chargé des affaires de Mme de Narbonne, marquise de Nonant : 2 hommes.

---

(1) *Vingtièmes*, impôt foncier égal au vingtième du revenu.

En résumé, le bourg de Nonant et sa banlieue pouvaient loger 150 hommes et 115 chevaux, mais, ajoute le contrôle général, « les habitants de ce village annoncent la volonté la plus décidée de ne loger des troupes qui passent ; obligés la plupart de céder leurs lits, ils ne pourraient supporter un logement permanent (1). »

Dans tous les cas, étant donnés le nombre de ses auberges, ses moyens de communication qui dès avant la révolution en faisaient, comme aujourd'hui du reste, un des endroits les plus passants de la Basse-Normandie, Nonant pouvait à juste titre revendiquer son ancien droit de tenir un marché dans son enceinte et de rétablir ses foires qui, sauf celle de Saint-Mathieu, avaient depuis longtemps cessé d'exister.

Selon la loi du 22 décembre 1789 chaque commune avait à sa tête : 1° un maire ; 2° un corps municipal de trois membres s'occupant des affaires courantes ; 3° un conseil général, composé à la fois du corps municipal et de notables en nombre double de celui de ces membres ; 4° un procureur de la commune ; 5° un secrétaire greffier.

Le 15 février 1791, le procureur de la commune se présente au conseil général de Nonant :

Rien n'est plus important, dit-il, pour le bien général de ce bourg, chef-lieu de canton (2), que de s'occuper à rétablir et faire vivifier les marchés et foires qui y ont été précédemment établis, que la direction de deux grandes routes qui le traversent aujourd'hui (3), concourent au rétablissement de ce commerce si nécessaire à la population locale et à l'amélioration des propriétés voisines, à joindre que la situation de ce bourg est très facile et commode pour s'y procurer les ressources nécessaires et qu'il y existe un nombre suffisant d'auberges ; que les titres qui lui ont été communiqués de la

---

(1) Archives départementales, série C, n° 396.
(2) Nonant, chef-lieu de canton de 1790 à 1800, comprenait les communes de Nonant, Almenêches, le Château-d'Almenêches, Marmouillé, Saint-Hippolyte-sur-Orne (réunie en 1822 à Almenêches), la Cochère, la Roche-de-Nonant et Saint-Germain-de-Clairefeuille.
(3) Routes nationales n° 24 bis de Paris à Granville et n° 138 de Bordeaux à Rouen.

part de M^me de Narbonne, dame de ce bourg, et dont il nous a été présenté des copies collationnées, il a été établi, en vertu de commissions et lettres patentes duement registrées et en forme, renouvelées et confirmées dans les aveux rendus au Roi et arrêts de main-levée de la baronne de Nonant, un marché le vendredi de chaque semaine et cinq foires par an, savoir :

La première foire, le trois de février, *Saint-Blaise*; la seconde, *Foire fleurie*, qui se tient le vendredi avant la passion; la troisieme, le premier de may ; la quatrième, le 16 juin foire *Saint-Cyr* (1) ; et la cinquième, le 22 septembre, foire *Saint-Mathieu*.

Que si la circonstance des temps ou la négligence ont laissé dépérir en partie les marchés et foires, au grand préjudice des habitants de ce lieu, il est cependant facile, en y apportant un soin et une attention convenables, de les remettre en vigueur et de les faire vivifier, d'autant plus que la suppression des droits de coutume et des entrées, nuisibles au cours du commerce, vient d'être ordonnée par l'Assemblée nationale.

Que de plus, le dit procureur a observé qu'en s'occupant de ce rétablissement, c'est seconder les vues du bien public qui animent aujourd'hui l'autorité législative et les corps administratifs, mais en même temps répondre aux intentions bienfaisantes de Madame de Narbonne qui, à l'exemple de ses auteurs, ne désire que trouver les occasions de faire le bonheur de ses habitants et de leur faire partager la prospérité publique (2).

Pourquoi le dit procureur de la commune a requis et conclu à ce qu'il plaise à la Chambre de délibérer et arrêter qu'en exécution des titres et lettres patentes ci-jointes, il sera tenu un marché le vendredi de chaque semaine dans ce bourg et cinq foires par an aux jours et heures indiqués, sauf à faire exécuter les règlements de police concernant le bon ordre ainsi qu'il appartiendra et qu'en temps de besoin la délibération qui sera prise soit homologuée au district pour être exécutée en sa forme et teneur, imprimée et affichée partout où il appartiendra, ce qu'il a signé :

LEFRANÇOIS.

---

(1) Saint-Blaise et Saint-Cyr étaient, comme aujourd'hui, les patrons spirituels de la paroisse de Nonant.

(2) M^me la comtesse de Narbonne-Pelet, née Marie-Félicité du Plessis-Chastillon, héritière en 1754 du marquisat de Nonant.

Après avoir pris lecture des titres produits et reconnaissant l'utilité de pourvoir au rétablissement du marché et des foires existant anciennement dans le bourg de Nonant, les Officiers municipaux et le Conseil général arrêtent « que l'exécution des titres et lettres patentes et arrêt d'enregistrement sera demandé à Messieurs du district, lesquels seront suppliés, en homologuant la présente délibération, d'ordonner qu'il sera tenu, comme par le passé, le vendredi de chaque semaine, un marché en ce bourg et cinq foires sur la place publique, sauf en cas de besoin à être pourvu à l'emplacement des dites foires dans le lieu le plus convenable ; à l'effet de quoi expédition de la présente, avec la copie des pièces y jointes, seront adressées et présentées à Messieurs du district par M. Gondouin, officier municipal, et M. le procureur de la commune, pour être ensuite l'ordonnance à intervenir ainsi que le présent, imprimés, publiés et affichés dans le canton de Nonant et partout où il appartiendra.

« Délibéré en la chambre du Conseil ces dits jour et an que dessus.

« *Rombault, Gondouin, Laporte, David, G. Dubreuil, J. Levé, Charles Fleury, Pierre Marcon, C.-J. Saunier, J. Saunier, Boisard,* secrétaire. »

Le 15 mars suivant, le Directoire d'Argentan émet un avis favorable, après avoir pris *communication d'un recueil de commissions et d'aveux concourant à prouver que le bourg de Nonant jouissait dès la fin du quatorzième siècle de quatre foires établies ou plutôt renouvelées par le duc d'Alençon et d'un marché chaque semaine* (1).

Mais le Directoire du département de l'Orne déclare, dans sa délibération du 26 mars « qu'il a sursis à délibérer sur la demande dont il s'agit jusqu'à ce qu'il soit mis à portée de présenter à l'Assemblée nationale un

---

(1) Le Directoire ne parle pas ici de la foire Saint-Mathieu, qui n'avait pas cessé d'exister, et n'appartenait pas *d'ancienneté* au marquis de Nonant.

plan général des foires et marchés qu'il serait à propos d'établir dans le département. »

Le moment de relever les réunions commerciales de Nonant était du reste mal choisi, car les transactions allaient se trouver singulièrement contrariées tant par la dépréciation des billets de confiance et des assignats que par la disette qui, pendant plusieurs années, sévit dans la contrée et dans un grand nombre de départements.

# Les Caisses patriotiques
## dans les cantons du Merlerault et de Nonant

Instituées en 1792, sous le contrôle de l'Etat et la surveillance des municipalités, les caisses patriotiques avaient pour but de suppléer par l'émission de *billets de confiance* à l'excessive rareté du numéraire, et de faciliter ainsi le paiement des salaires et des petites créances (1).

Cette innovation fut favorablement accueillie par les négociants et industriels : elle supprimait les entraves qui s'opposaient souvent, faute de petite monnaie, à la réalisation de leurs affaires et leur évitait le soin de se procurer des coupures minimes d'assignats, dont l'escompte présentait certains dangers (2).

Tout commerçant eut dès lors le droit d'émettre des billets de confiance pour une valeur déclarée, dont le remboursement était garanti par la consignation, dans sa propre caisse, d'une somme équivalente en gros assignats ou en espèces monnayées. Ce dépôt devait être représenté intact à toute réquisition des commissaires-vérificateurs nommés par les municipalités.

---

(1) Les pouvoirs publics avaient, dans le même but, fait frapper des monnaies de cuivre et de bronze, au moyen des objets métalliques et des cloches saisis dans les églises.

(2) Dès la fin de 1790, des coupures inférieures à 100 l. jusqu'à 50 l. avaient été créées ; puis, afin de subvenir aux besoins journaliers, des coupures de 5 livres d'abord et enfin de 50, 25, 15 et 10 sols, furent mises en circulation.

Au surplus, un contrat de société, conservé aux archives du Merlerault et dont nous donnons ci-après le texte intégral, renseignera complètement sur le but des caisses patriotiques et les précautions minutieuses que l'on prenait généralement pour rendre difficile la falsification des billets de confiance.

Furent présents les sieurs Jacques-Gabriel-François Beaulavon et Jacques-Pierre-Gabriel Beaulavon, et Robert Pissot, tous trois marchands de fil et de toille, demeurants en la paroisse de Sieurdon (1).

Et le sieur Jacques-Pierre-Antoine Ancerne, aussi marchand, demeurant au bourg et paroisse du Merlerault;

Lesquels ayant considéré qu'ils ne peuvent faire leur commerce de fil et de toille qu'avec des sommes conséquentes qu'ils sont obligés de payer journellement en menue monnaye à leurs ouvriers et filleuzes, que cette même monnaye est devenue d'une extrême rareté et qu'ils ne peuvent plus s'en procureur qu'en payant l'escompte des assignats mêmes de cinq livres à un prix exorbitant, qui bientôt entraîneroit la ruine entière de leur fortune et les forceroit à quitter leur commerce, à l'aide duquel ils vivent et font vivre plusieurs malheureux, ils ont pris le parti de faire et métre en émission pour la somme de sept mille livres de petits bons ou billets, qui auront cours depuis le premier de mars prochain jusqu'au tems où les assignats cesseront d'avoir cours, lesquels bons et billets ils s'obligent conjointement et solidairement de remplir à volonté au porteur en assignats de cinquante livres et au dessus, comme il sera expliqué dans chaque bon et billet.

Cette somme de sept mille livres sera composée, sçavoir : de mille vingt-cinq billets de chacun quarante sous, formant ensemble la somme de deux mille cinquante livres ;

Trois mille cinq cents billets de vingt sols ;

Dix-huit cent cinquante billets de chacun dix sols ;

Et de deux mille cent billets de chacun cinq sols (2).

Chaque billet de quarante sous sera signé en face du sieur Jacques-Pierre-Gabriel Beaulavon avec un trait de plume

---

(1) *Sieurdon*, pour Surdon, ancienne commune réunie à celles de Chailloué et du Château-d'Almenêches. La gare de Surdon se trouve sur le territoire de cette dernière commune.

(2) Un exemplaire de chaque type de billets est joint à l'acte que nous reproduisons.

barré, d'une encre noire, au côté droit de deux petites grifes fonds noirs portant la première ces chiffres arabes : 40, et la seconde le mot : sols.

Il sera aussi signé au dos en encre noire des sieurs Pissot et Ancerne. La signature Pissot précédera toujours celle Ancerne.

Ces mêmes billets de quarante sols, comme les autres, seront *vignetés, imprimés, ortographiés, ponctués* et marqués des mêmes grifes.

Le numéro de ces billets sera toujours à la droite et près de la grife *sols*.

La grande grife fond noir portant ces lettres à fleurons entrelacés J. L. P. B., qui signifient Jacques-Pierre Beaulavon[1] sera toujours couchée à la 4e carre de chaque bon, en face, sous le nom Ancerne qui y est écrit en grosses lettres.

Chaque billet de vingt sols sera signé en face, à la droite de la grife fond noir, par le sieur Ancerne, en encre verte avec parafe, et au dos ils seront signés en encre noire des sieurs Beaulavon et Pissot. La signature Pissot sera toujours après celle Beaulavon. Ces mêmes billets seront marqués des deux lettres A. B., mais la lettre A se trouvera toujours avec le nombre impair et la lettre B toujours avec le nombre pair.

---

[1] Les Beaulavon, ou comme on dit encore dans le pays, *les Lavon* signaient souvent Beau Lavon, d'où deux initiales.

Chaque billet de dix sous sera signé en face du sieur Beaulavon et au dos des sieurs Pissot et Ancerne ; le tout avec de l'encre noire. La signature Pissot sera toujours la première et ces mêmes bons seront tous marqués de la lettre C.

Chaque billet de cinq sols sera aussi signé en face dudit sieur Beaulavon et au dos des sieurs Pissot et Ancerne, en encre noire. La signature Pissot y précédera celle Ancerne.

Ces mêmes billets seront marqués des lettres D. E., mais la lettre D sera toujours au nombre impair et la lettre E au nombre pair.

Tous les billets cy dessus désignés seront encore frappés en face d'un timbre sec et au dos d'un timbre noir portant en contour ces mots *District de Laigle* et toujours aux mêmes places.

Tous billets qui seroient construis d'une différente manière seront réputés faux.

Ces billets seront remboursables chez le sieur Ancerne, au Merlerault, dépositaire de la caisse, en assignas de cinquante livres et au-dessus.

La caisse sera toujours fournie d'une somme de mille livres pour remplacer les billets qui viendront à rentrer et dans le cas où il en rentreroit à la fois pour une plus forte somme que celle de mille livres, les associés seroient tenus de contribuer pour leur cote-part au remboursement que le sieur Ancerne auroit pu faire sitôt l'avertissement qui leur en auroit donné.

Dans le cas où les associés auroient le malheur que leurs billets fussent contrefaits, ils s'obligent de poursuivre à frais communs les complices pour les faire punir suivant la rigueur des loix.

A la garantie de tout ce que dessus, les dits associés obligent conjointement et solidairement tous leurs biens.

Fait quadruple au Merlerault, ce premier février mil sept cent quatre-vingt-douze.

*Beau Lavon, Ancerne, Beau Lavon, Pissot.*

Le 8 août 1792, MM. Boulard, maire du Merlerault, et J.-J. Julien se présentèrent au domicile du sieur Ancerne pour vérifier sa caisse, dans laquelle ils trouvèrent « la somme de onze mille deux cents livres, tant en billets à ordre, assignats et argent monnayé. » Pareil contrôle, aussi favorable pour le dépôt de garantie, fut effectué au mois de novembre suivant, dans le temps même où les billets de confiance étaient déjà discrédités.

En effet, le 15 novembre, le procureur de la commune de Sées expose « qu'en raison de la suspicion des billets patriotes ou de confiance émis en trop grand nombre et souvent falsifiés, les rapport commerciaux sont devenus très difficiles entre les cultivateurs et les boulangers, les boulangers et leurs clients pauvres, les aubergistes et les voyageurs, à tel point que des troubles, comme il s'en est produit dans les villes voisines, sont à craindre. Il demande que des mesures soient prises, de concert avec les administrations supérieures, pour les prévenir et éviter la disette qui en serait la conséquence. » Enfin, le 26 novembre, une vive effervescence s'étant manifestée dans la ville, la municipalité décida d'emprunter 1.200 livres pour rembourser les billets de confiance avec des assignats de 10 et 15 sols (1).

Dans la commune de la Cochère, qui faisait alors partie du canton de Nonant, Nicolas-Jacques Blanche avait émis des bons de ce genre ; mais, dès le 24 septembre 1792, plusieurs de ceux-ci furent saisis, sous prétexte « que l'empreinte sur le même prix se trouvait différente et n'avoient aucuns numéros, et qu'il importait de prévenir ces sortes d'abus qui se perpétuent considérablement. » Blanche avait déclaré qu'il créait pour 612 l. 10 sols de billets et tenu d'abord sa comptabilité très régulièrement ; mais, plus tard, lors d'une vérification, on ne trouva rien dans sa caisse, à l'exception de 455 l. 10 sols de billets de confiance remboursés. Il prit la fuite le 15 novembre, et M. Than, juge de paix de Nonant, reçut les plaintes de 184 détenteurs de son papier-monnaie. La longue enquête à laquelle ce magistrat dut se livrer établit que Blanche avait mis dans le commerce pour plusieurs milliers de

---

(1) A Sées, dès le mois de mai, on avait constaté des déficits dans les caisses des sieurs Gérard, Fossé et Bouvry, émetteurs de billets de confiance. (MOURLOT : *Recueil de documents d'ordre économique contenus dans les registres de délibérations du district d'Alençon*, 1788. An IV. Vol. 3.

francs de billets patriotiques (1). Cependant, vu la solvabilité de ce dernier, les habitants des cantons du Merlerault et de Nonant eurent la satisfaction, après quelques mois d'attente, d'obtenir le remboursement de leurs créances.

Malgré les décrets prohibitifs des 3 septembre et 8 novembre 1792, les billets de confiance créés par Ancerne et ses associés continuèrent à circuler jusqu'au mois de mars 1794, date à laquelle ce commerçant, gardien de la caisse, disparut de sa résidence. Son nom fut alors porté sur la liste des émigrés et, le 11 avril, les autorités locales apposèrent des scellés sur ses meubles, effets et marchandises. Puis, le 6 juillet, l'agent national de la commune enjoignit à la municipalité du Merlerault de faire brûler les billets émis par Ancerne et Compagnie « et de verser le surplus en circulation en la caisse du district de Laigle, et ce dans le délai de trois jours, suivant la recommandation du citoyen Aury, agent national du dit district, en date du 12 prairial et en vertu de la loi du 13 ventôse. »

Il n'apparaît pas que la Révolution ait édicté de bien graves pénalités contre les négociants qui en créant des billets, dits *de confiance*, n'avaient pas répondu scrupuleusement aux prescriptions de la loi sur les caisses patriotiques ; la justice semble s'être bornée, dans notre contrée du moins, à ordonner la destruction de leurs *planches* et la mise sous séquestre de leurs biens. Mais il faut remarquer, à la décharge de ces humbles trafiquants, que si leur papier n'était pas toujours en rapport avec la garantie demandée, ils furent en l'occurrence dépassés singulièrement par la Convention et le Directoire, « qui créèrent des assignats jusqu'au chiffre extravagant de 45 milliards, c'est-à-dire vingt fois probablement la quantité de numéraire existant à cette époque (2). »

On conçoit combien ces papiers, toujours en décrois-

---

(1) Tout le dossier concernant l'instruction de cette affaire est conservé aux archives de la justice de paix du Merlerault.
(2) Gide, déjà cité, p. 275, note.

sance et dont la valeur variait souvent de canton à canton, devaient paralyser les transactions commerciales. Aussi, ne nous paraît-il pas hors de propos de nous arrêter un moment au *Tableau des valeurs successives du papier monnaie dans le département de l'Orne, du 1<sup>er</sup> janvier 1791 au 7 thermidor an IV (25 juillet 1796)*. Ce document fut établi le 22 brumaire an VII, lors d'une réunion de l'administration centrale de l'Orne, présidée par le citoyen Vangeon, « où étoient les citoyens Deshayes, Joselle, Levé, Delestang, administrateurs, et François Dupré, commissaire du Directoire exécutif. »

L'administration s'adjoignit pour la circonstance plusieurs personnes susceptibles de la renseigner sur le cours des assignats pendant la période indiquée, savoir :

Les citoyens Blanchet père, orfèvre ; Dupont le jeune et Dugon fils aîné, marchands ; Delaunay, juge au tribunal civil du département de l'Orne ; Launay-Ducreux, administrateur forestier, et Malassis le jeune, juge au tribunal de commerce, tous demeurant à Alençon ; Biou, marchand à Mortagne ; Chatain, marchand, et Paignard, administrateur forestier, demeurant tous deux à Bellême ; Heudiard, juge de paix du canton de la Carneille ; Pique-Desdemaines, président du tribunal de commerce de Tinchebray ; Préc, notaire à Trun ; Rossignol-Gueuret, marchand à Laigle ; Vaillant, marchand à Tourouvre ; Vallée, président de l'administration municipale.

De l'ensemble du travail de cette commission, il résulte que pour 100 francs espèces, les assignats créés le 19 décembre 1789 valurent successivement dans le département de l'Orne :

En janvier 1791, 97 francs, et en décembre, 87 fr. 50.
En janvier 1792, 83 fr. 50, et en décembre, 76 fr. 50.
En janvier 1793, 66 francs, et au 21 septembre, 44 fr.
Au 22 septembre 1793, 44 fr. 25, et au 21 septembre 1794, 40 francs.
Au 22 septembre 1794, 39 francs, et au 21 septembre 1795, 3 fr. 75.

Au 22 septembre 1795, 3 fr. 60, et au 25 juillet 1796, 0 fr. 25 (1).

Cette dépréciation des assignats donnait au livre des dépenses ménagères une physionomie toute particulière. Ainsi dans son journal, aux années 1795 et 1796, le marquis de Courtomer consigne ces gros paiements :

| | |
|---|---:|
| Une jument de service | 28.000 livres. |
| Un porc | 4.050 — |
| Une paire de sabots | 800 — |
| Une bêche et son râteau | 1.300 — |
| Cinquante livres de sel | 400 — |
| Trois oranges | 100 — |
| Quinze fers à chevaux et deux rassis | 2.400 — |
| Deux onces de pommade | 100 — |
| Un chapeau à poil | 3.000 — |
| Un parapluie | 2.500 — |
| Une paire de pantoufles | 400 — |
| Les gages annuels du cuisinier du château | 51.525 — (2) |

---

(1) Un exemplaire de ce tableau se trouve dans nos archives particulières.

(2) Ce journal manuscrit, in-folio de 225 pages, 1784-1816, tenu par le marquis de Courtomer lui-même, est conservé dans nos collections.

## La Disette

(1793-1796)

Deux registres pouvaient nous permettre de réunir tous les renseignements relatifs à cette disette, qui dura depuis février 1793 jusque dans les premiers mois de 1796 : le registre de délibérations du Comité de surveillance de Nonant, conservé aux archives départementales, et surtout celui du conseil de la commune. Ce dernier, étant perdu depuis longtemps (1), force nous est, pour esquisser le tableau de ces temps malheureux, de condenser les documents que nous avons recueillis non seulement à Nonant mais dans les cantons voisins du Merlerault, de Courtomer et de Sées, dont la situation économique ne pouvait être sensiblement différente.

Tout d'abord, les communes essayèrent de se suffire à elles-mêmes, soit en ouvrant des souscriptions pour acheter des grains dans des contrées parfois éloignées, soit en réquisitionnant toutes leurs récoltes pour être justement réparties entre les habitants de chacune d'elles.

---

(1) Nous avons aussi à déplorer la perte d'un livre manuscrit disparu depuis très longtemps des archives de Nonant. Selon un ancien inventaire, il portait ce titre :
*Livre ou registre des faits remarquables qui ont eu lieu dans la commune :* belles actions et actes de bienfaisance, longévités, inventions et perfectionnements, faits nouveaux en agriculture et en industrie, découverte d'objets précieux ou antiques, mines, carrières et sources, météores et phénomènes locaux, accidents causés par la foudre ou la grêle, incendies, inondations, épidémies, épizooties, etc.

Mais ces mesures seraient devenues rapidement insuffisantes si l'Etat n'avait créé un service de subsistances, représenté dans chaque canton et commune par des comités, chargés de s'approvisionner dans des contrées moins éprouvées, comme Chartres, Bernai, Mortain, Saint-Lô et dans les ports du Hâvre et de Honfleur.

En vue d'empêcher l'accaparement des subsistances par des commerçants peu scrupuleux, la Convention nationale rendit le 4 mai 1793 une loi qui ordonnait, aux autorités de chaque département, de fixer le prix maximum de vente des denrées ou objets les plus nécessaires à l'existence.

Le 5 juin, le maximum pour les grains était ainsi établi par quintal :

Froment : 15 l. 15 sols ;
Seigle : 12 l. 15 sols ;
Méteil : 12 l. 5 sols ;
Orge : 13 l. 6 deniers 1/3 ;
Avoine : 10 l. 10 sols ;
Sarrasin : 9 livres.

Au 19 juin, les prix furent sensiblement augmentés : le froment était taxé à 18 l. 16 sols ; le seigle, 15 l. 8 s. 9 deniers ; le méteil, 17 l. 10 sols 6 deniers et l'orge, 14 l. 12 s. 6 deniers.

La municipalité de Sées protesta le 17 juin contre la loi du maximum qu'elle considérait « comme désastreuse et mortelle dans ses effets, inexécutée et inexécutable ». Elle prétendait même qu'elle empêchait le ravitaillement des halles. Mais le 23 août les Représentants du peuple en mission dans le département de l'Orne n'en ordonnèrent pas moins la stricte exécution. L'acheteur ne partageait pas toujours, en effet, l'opinion de l'administration sagienne : une plainte fut déposée contre un nommé Bayard, du Merlerault, qui avait vendu une paire de sabots 20 sols, c'est-à-dire au-dessus du maximum, de même contre le citoyen Vieillot, ancien boulanger à Nonant, « qui s'était permis de vendre des bourrées au-dessus de la taxe. »

Le 4 juillet, le Conseil de la commune de Sées déclare « que la ville est à la veille de mourir de faim » et Nonant se trouve lui-même dans cette fâcheuse alternative, car le 4 août, le Comité révolutionnaire prescrit le recensement de toutes les gerbes récoltées dans la commune, opération rendue nécessaire, dit-il « par la disette qui sévit dans la contrée depuis six mois ».

Au Merlerault, les esprits étaient fort surexcités par la misère. Ainsi, une femme Lisot fut conduite en prison le 28 août pour avoir dit, lors d'un changement de municipalité, « que les membres du conseil gardaient pour eux le blé pour s'engraisser et qu'ils avaient cédé leurs places à d'autres pour qu'ils puissent aussi s'engraisser ».

Au mois de septembre la situation des marchés de Sées étant loin de s'améliorer, les commissaires préposés aux halles déclarent « qu'il n'est plus possible d'y maintenir l'ordre et de garantir les fermiers et cultivateurs de la violence de la multitude composée en grande partie d'étrangers ». Le Conseil de la commune arrête alors que, jusqu'à nouvel ordre, les halles de Sées se tiendront dans la cour de l'hôpital, dont la porte sera gardée par un piquet de la force publique.

Les communes continuent à pratiquer des réquisitions chez les particuliers. Ainsi, au mois d'octobre, Godisson réquisitionne dans son territoire 17 boisseaux de grains pour être distribués aux cultivateurs qui n'en possèdent pas pour les ensemencements, et le comité de surveillance de Nonant fait saisir 45 gerbes de blé appartenant à la veuve Laforêt et au sieur Gondouin, qui ont refusé de les apporter pour la subsistance de la commune.

A l'entrée de l'hiver la disette ne portait pas seulement sur les subsistances, mais encore sur le chauffage et l'éclairage. A Godisson, notamment, la commune fait défense au sieur Lecouturier aîné, du Merlerault, d'enlever les arbres qu'il avait abattus sur sa propriété de Godisson, alors que le Merlerault taxe le suif à 15 sols la livre et ordonne aux bouchers de n'en vendre qu'aux fabricants de chandelles, mesure complétée plus tard par l'interdiction formelle aux personnes « tenant billards et jeux publics de faire jouer à la chandelle (1). »

Une loi votée par la Convention le 28 septembre 1793 ayant obligé les municipalités à dresser l'état des journées d'ouvriers en 1790, Godisson établit ce document de la manière qui suit :

*Cultivateurs*, nourris, 6 sols, ou 16 sols sans nourriture ;

*Faucheurs d'herbe*, nourris, 15 sols ;

*Moissonneurs de grains*, nourris, 1 livre, ou 2 livres sans la nourriture ;

*Tailleurs d'habits*, nourris, 8 sols ;

*Tailleuses* pour femmes, nourries, 6 sols ;

*Maçons*, nourris, 15 sols, ou 1 livre 5 sols sans être nourris ;

*Menuisiers et couvreurs*, nourris, 15 sols, ou 1 livre 2 sols 6 deniers sans la nourriture.

Aux termes de la dite loi, ces salaires devaient être doublés, vu la cherté des vivres.

La misère n'en devient pas moins grande, car au mois de novembre, Godisson écrivait au Comité de subsistances de Sées « qu'il ne répondait pas des excès auxquels pourraient se porter des hommes affamés et excités au désordre par des femmes et des enfants au désespoir. »

En mars 1794, on est obligé de faire entrer dans le pain des pois gris, un peu d'orge et d'avoine, et c'est sans doute que poussés par la misère, les paysans se mirent à dissimuler le plus possible de subsistances dans leurs chaumières, malgré les peines édictées contre ce genre de fraude égoïste.

Joseph Leclancher, de Courtomer, est incarcéré le 18 mars à la prison des Filles-Notre-Dame d'Alençon,

---

(1) Le 19 mai 1793, le Conseil du Merlerault permit « aux billardiers de faire jouer tous les jours, excepté pendant les heures du service divin », mais ce jeu était formellement interdit aux quatre grandes fêtes solennelles.

pour avoir eu « l'effronterie de se faire délivrer 90 livres du blé de la municipalité, prétextant n'en point avoir et criant fort haut qu'il serait sans pain si on n'avait égard à sa position. » Or, au cours d'une perquisition à son domicile, village du Jardin, on avait trouvé « deux tourtes de pain pesant environ trente livres, cachées dans du linge; deux autres tourtes pesant environ trente livres; trois cents livres d'orge et environ quatre quintaux d'avoine ». Même déconvenue arrivait le 14 avril à René Demorre et son fils, également de Courtomer, qui avaient caché chez eux des subsistances. Tous trois furent relaxés après le décret de la Convention du 9 juillet, qui ordonnait la mise en liberté provisoire — d'ailleurs définitive — des laboureurs, moissonneurs et artisans des campagnes détenus comme suspects.

Au Plantis, le 23 mars, on s'était montré moins rigoureux, en ne privant pas le délinquant de sa liberté. On avait trouvé, chez un sieur Dupont, un quintal d'orge caché dans une botte de paille placée sur les *perchaux* de sa grange. Et comme il avait affirmé ne point posséder de grains, il fut condamné à la confiscation de son orge, « à une amende de la valeur de l'orge », et le grain fut distribué, en sa présence, aux pauvres de la commune.

Au Merlerault, la situation devient grave. Le 9 juillet 1794, le Conseil prend cette délibération :

« Considérant que les soulagements maintenant au pouvoir de la municipalité pour subvenir aux besoins de ses administrés ne consistent qu'en 10 quintaux de riz accordés par l'administration du district de Laigle;

« Considérant encore que le riz ne peut soulager la faim dévorante qui tourmente les habitants de cette commune qu'en l'employant avec du laitage, vu le défaut de viande;

« Arrête, l'agent national provisoire entendu, que tous ceux qui possèdent des vaches à lait en cette commune sont requis de fournir du lait autant qu'il sera en leur pouvoir, au prix fixé par la loi, à tous les individus de cette commune qui en réclameront pour les faire subsister, à peine d'être regardés comme suspects et en conséquence dénoncés à l'administration du district de Laigle, pour par icelle y être statué tel effet que de raison. »

En 1795, après deux années de disette, les subsistances atteignent des prix fabuleux :

En janvier, les grains valent 15 sols la livre, plus les frais de transport ;

En juin, la farine coûte 12 livres la livre et la viande 50 sols ;

En juillet, la farine atteint le prix de 10 livres la livre, et le riz 11 livres.

Les paysans, exténués par des privations de toutes sortes, regrettent alors la suppression du culte catholique romain qui, à leur avis, est la cause initiale de leur infortune. Dès le mois d'octobre 1793, un habitant du Plantis, Charles Dugirouard, avait émis cet aphorisme : « On ne récolte plus depuis qu'on ne paie plus la dîme ! »

Le 25 mars 1795, quelques femmes complotent de renverser l'autel de la patrie et l'arbre de la liberté du Merlerault « pour le produit de leur vente être employé à soulager les pauvres », et le 28 juin, à Montmarcé, les partisans de l'abbé Desmares, ci-devant curé, s'emparent des clés de l'église pour remettre en place toutes les statues.

Puis, ce sont des affiches naïves et anonymes placardées un peu partout et dont la plus typique peut-être fut apposée sur la porte de l'église du Ménil-Guyon :

« Ah ! que le monde est affligé d'avoir abandonné sa religion pour la République, qui est la cause de notre malheur ! On vous a fait planter des arbres de liberté à la place où Notre Seigneur a été cloué. Vous comptiez avoir la liberté, vous avez la famine et vous mourrez tous de faim. Retournez à Dieu et demandez-lui la religion : *vous mangerez le pain à deux sous la livre* et vous serez heureux ! »

On comprend le découragement de ces pauvres gens

quand, le 12 décembre 1795, l'administration du Merlerault pouvait écrire au Conseil des Cinq-Cents : « Nos concitoyens malheureux se contentent encore de vivre de légumes et de sel, mais le prix exorbitant auquel cette denrée vient de monter les réduit à tempérer de leurs larmes les aliments insipides dont ils se nourrissent. Nos cœurs se brisent de douleur quand nous les voyons. »

## Les Halles.

Avant et pendant la Révolution on se servait dans les halles de la contrée de boisseaux dont le poids était très différent.

Ainsi, au Merlerault, le boisseau pesait. . 60 livres.
— à Moulins-la-Marche,  — —. . 80 —
— à Sées,  — —. . 96 —
— à Courtomer,  — —. . 104 —
— au Mêle-sur-Sarthe, — —. . 112 —

En réalité ces boisseaux étaient utilisés dans les marchés de la région, mais, en traitant, il convenait de spécifier celui dont on entendait faire usage. A Courtomer, par exemple, où l'on possédait pourtant un boisseau spécial, on préférait se servir de celui de Moulins.

Le petit boisseau pesait 32 livres et contenait 6 quarts ou picotins de Paris ;

La barattée pesait 80 livres et comprenait 2 petits boisseaux et demi ou 15 picotins ;

La somme contenait 5 barattées ou 12 petits boisseaux et demi pesant 400 livres et faisant 75 picotins ;

Enfin le boisseau de Courtomer tenait une barattée un quart ou 21 picotins (1).

\*\*\*

Par une loi du 28 août 1790 l'Assemblée constituante décida que « les droits connus sous le nom de droits de coutume, hallages, etc., étaient supprimés sans indem-

---

(1) *Le Journal du marquis de Courtomer*, déjà cité.

nité, mais que les bâtiments et halles continueraient à appartenir à leurs propriétaires, sauf à s'arranger à l'amiable soit pour le loyer, soit pour l'estimation, avec les municipalités des lieux. »

Cependant, quelques ci-devant seigneurs éprouvèrent de la peine à renoncer à leurs droits de coutume, notamment celui de Courtomer puisque, quatre ans plus tard, le 28 septembre 1794, un officier municipal rappelait au conseil général de cette commune que « le citoyen Simon (1), domicilié en cette commune, continuait à percevoir les fermages des halles, dont André Morrière était fermier. » Il lui paraissait injuste « qu'une commune qui a recouvré les droits de l'homme et du citoyen soit en quelque sorte encore frappée de l'hydre de la féodalité, que de sages législateurs ont frappée par le sage décret d'un anéantissement absolu. »

Dans sa délibération du 17 février 1793, l'administration municipale avait bien formé le projet de profiter du décret de 1790 pour acquérir les halles, et Saint Simon déclaré le 19 septembre qu'il était prêt à consentir cette aliénation, mais nous ne savons pour quelle raison la commune ne persista pas dans son dessein. En effet, dans la comptabilité du marquisat, nous constatons, à la date du 30 novembre 1795, la recette d'un à-compte de 200 livres sur *la location de la coutume*, et que les dites halles furent encore données à bail, à partir du 1er juillet de la même année, à André Morrière, locataire sortant, moyennant la somme de 500 livres, plus les impôts et réparations. Les descendants du marquis de Courtomer (les Frottier de la Coste et les Turenne d'Aynac) ont du reste conservé la propriété de ces halles jusqu'en 1893, époque où elles furent expropriées par la commune pour être démolies l'année suivante en vue d'élargir et embellir la place publique.

---

(1) Antoine-Léon-Pierre de Saint-Simon, marquis de Courtomer.

Le Merlerault ne se montra pas moins agressif envers ses anciens seigneurs. Dans sa délibération du 17 février 1804, le Conseil municipal ne craignit pas d'écrire « que la jouissance que les auteurs des héritiers Narbonne avaient exercée des halles de ce bourg avait été le fruit d'une spoliation trop longtemps tolérée. » Mais ceux-ci, blessés par cette assertion peu diplomatique, réclamèrent le bénéfice de la loi de 1790 pour obliger la commune à prendre en location l'immeuble dont elle jouissait gratuitement depuis plus de dix ans. Un arrêt du Conseil de préfecture, en date du 20 janvier 1807, vint reconnaître le droit de la famille de Narbonne et, le 15 mai, le Préfet de l'Orne signifiait au Merlerault qu'il ne pouvait l'autoriser à soutenir ses prétendus droits de propriété.

Enfin, le 5 mai 1808, après de longues hésitations, le Merlerault se décidait à faire l'achat de l'immeuble, mais il arrivait trop tard, l'un des héritiers de Narbonne étant mineur. Aussi, cette commune se trouva-t-elle dans l'obligation de louer pour trois ans, à partir du 1er janvier 1810, et de revenir le 11 août 1812 à son idée d'acquérir les halles estimées par expert à un revenu annuel de 200 livres, au capital de 4.000 livres, dont la dépense serait couverte par une aliénation de biens communaux. Une ordonnance royale du 2 décembre lui ayant permis de réaliser ce projet, le Conseil décida d'abattre cette vieille construction et de bâtir de nouvelles halles. Le plan, soumis le 14 mars 1825, était appuyé d'un devis s'élevant à 19.990 fr. 60, porté le 10 décembre à 28.951 fr. 53, déduction faite des matériaux de l'ancien bâtiment. L'édifice fut construit en 1827-1828.

La commune de Nonant s'y prit d'une manière plus adroite quand elle voulut, elle aussi, s'assurer la propriété des halles établies dans son enceinte. Elle n'eut garde de marcher à l'encontre de la loi votée en 1790 par l'Assemblée Constituante et la Convention qui, cependant, ne se gênaient pas toujours avec les titres de propriété les mieux établis. Il y eut bien quelques difficultés entre les parties pour fixer la valeur, mais un arrêt du Directoire de l'Orne, en date du 22 juillet 1793, vint prescrire que M$^{me}$ de Narbonne était tenue de se contenter d'une somme de 347 livres pour la cession de ses halles.

## Le Marché de Nonant

En l'année 1820, la commune de Nonant sollicita le rétablissement de son marché du vendredi et la confirmation de son droit, plusieurs fois séculaire, de tenir quatre foires par an, non comprise celle de Saint-Mathieu, qui n'avait pas cessé d'exister et dont les titres de concession étaient connus et indiscutés.

L'enquête administrative fut plutôt défavorable à l'impétrante, non pas tant à cause de ses anciennes foires qui ne présentaient, vu leur nombre, aucun élément de succès, que pour le marché susceptible de contrarier les intérêts de plusieurs centres voisins. Le Merlerault émettait même la prétention d'ouvrir un marché chaque semaine, le jour de vendredi, selon des titres datés des 11 septembre 1680 et 7 octobre 1723.

En l'occurrence, la bonne foi du Conseil de cette commune pouvait être entière, car il est permis de croire que le marquis de Nonant, après son acquêt en 1618 de la baronnie du Merlerault, qui le rendait propriétaire de deux marchés, situés à une lieue de distance, le lundi au Merlerault, le vendredi à Nonant, se contrariant forcément l'un l'autre, que le marquis, disons-nous, ait laissé tomber son marché de Nonant au profit de celui du Merlerault, dont les halles avaient alors une réelle importance. La rédaction des aveux rendus par le seigneur de Nonant en 1680 et 1723 pouvait, pour cette cause, donner lieu à des difficultés d'interprétation, malgré que les lettres de concessions royales, même de dates très reculées, fussent considérées comme imprescriptibles.

Une décision du ministre de l'intérieur, en date du 4 juillet 1821, vint néanmoins confirmer Nonant dans tous ses droits anciens de marché et de foires. Aussi, par une affiche imprimée chez Marre aîné à Alençon, M. Fossey, maire de Nonant, se hâta d'informer le public « que le marché aux grains, denrées, bestiaux et autres marchandises était rétabli dans le bourg de cette commune, le vendredi de chaque semaine, et que le Conseil municipal, dans sa séance du 29 juillet, en avait fixé l'ouverture au premier vendredi de septembre. » Ce document ajoutait qu'il ne serait perçu « aucuns droits sur les denrées et marchandises, de quelque espèce que ce soit, sur la place et sous les halles, ni sur les bestiaux, à l'exception cependant du droit ordinaire sur le mesurage des grains, et que la *foire fleurie*, fixée au 13 avril par le tableau arrêté par le département, aurait lieu désormais le vendredi qui précède le dimanche de la Passion, alors que rien ne serait changé à la tenue des foires Saint-Mathieu des 18 et 22 septembre de chaque année (1) ».

Le Merlerault, s'appuyant toujours sur ses titres de 1680 et 1723, renouvela bientôt ses démarches en vue de recouvrer son prétendu droit de tenir un marché le vendredi, dans le but évident de détruire celui de Nonant, qui obtenait un succès relativement considérable :

« Considérant, dit-il dans sa délibération du 26 décembre 1827, que le vendredi est le jour de notre ancien et second marché, dont on a conservé le titre qui date de 1452, il y a lieu de repousser toute création nouvelle de marché et demande le rétablissement de son ancien marché, car si l'esprit de justice eût présidé lors de l'érection de celui de Nonant, on n'aurait pas érigé un

---

(1) Nonant eut la modestie, ou plutôt le bon sens, de ne pas essayer de rétablir effectivement les trois autres foires confirmées par le Ministre.

marché à une lieue du nôtre, malgré les droits de notre commune et contre ses intérêts. »

Le Conseil général de l'Orne, dans sa séance du 7 novembre 1828, ayant repoussé cette demande, le maire du Merlerault devint agressif et ne parla rien moins que d'obliger le ministre de l'intérieur à rapporter sa décision du 4 juillet 1821.

En effet, le 1er mai 1829, il expose à son Conseil municipal :

1º Que de temps immémorial, il y avait au bourg du Merlerault deux marchés par semaine, les lundi et vendredi, comme il est prouvé par deux aveux rendus au Roi par M. du Plessis-Chastillon, alors seigneur de Nonant et du Merlerault en sa Cour des Comptes, aides et finances de Normandie, les 11 septembre 1680 et 7 octobre 1723, publiés au bailliage d'Exmes, enregistrés et non blâmés ;

2º Que si « les seigneurs de Nonant possédaient les droits de foires et marchés du Merlerault, ils n'avaient pas le droit d'établir un marché à Nonant, que d'ailleurs il n'y en a jamais eu et qu'ils n'ont jamais eu la pensée d'en créer ; »

3º Que néanmoins, le ministre de l'intérieur, par décision du 4 juillet 1821, a autorisé le rétablissement d'un marché aux grains et à bestiaux dans la commune de Nonant et en a fixé la tenue comme elle avait lieu anciennement au vendredi de chaque semaine. Or, le ministre n'a pas *rétabli* mais innové, car on ne *rétablit* pas ce qui n'a jamais existé, donc il a été trompé. Jamais, avant 1790, il n'y a eu de marché à Nonant, il y a seulement une foire tous les ans, au mois de septembre, connue sous le nom de foire Saint-Mathieu, qui n'est pas contestée, mais autoriser l'établissement d'un marché aux grains et aux bestiaux à Nonant tous les vendredis, au préjudice des marchés de même nature qui existent à Gacé, à Survie, à Argentan, à Sées, à Courtomer et au Merlerault, sans information préalable de commodo et incommodo, sans avoir consulté les Conseils municipaux de ces communes, qui auraient protesté contre, est une innovation qui a été le fruit de l'erreur qu'on a surprise au ministre, qui dès qu'il en aura connaissance, s'empressera de rapporter sa décision du 4 juillet 1821, en faisant cesser le marché qui se tient à Nonant pendant six mois de l'année ou à peu près, depuis 1821, sans qu'on n'y vende de grains, parce que jamais il n'y a eu de halle à Nonant, qu'il n'y en a pas même encore et que jamais il n'y a eu de marché; »

4° Qu'enfin, si le ministre de l'intérieur n'accueille pas favorablement cette requête, il y aura lieu de porter le différend devant le Conseil d'Etat.

Finalement, le Conseil adoptant les conclusions du maire, « déclare former opposition à la décision ministérielle du 4 juillet 1821 et autoriser toutes poursuites. »

Nonant n'éprouva pas la moindre peine à établir son droit de marché et l'existence de sa halle. Sur le premier chef, il put produire une déclaration du Directoire d'Argentan, en date du 15 mars 1791, reconnaissant qu'il avait entre les mains « un recueil de commissions et d'aveux concourant à prouver que le bourg de Nonant jouissait, dès la fin du quatorzième siècle, de quatre foires établies ou plutôt renouvelées par le duc d'Alençon, ainsi que d'un marché le vendredi de chaque semaine. Sur le second chef, l'existence des halles était surabondamment prouvée par des pièces d'une indiscutable authenticité, savoir :

*a)* Selon les registres paroissiaux de Nonant :

Le vingt-cinquiesme jour de novembre 1656, feste de Sainte-Catherine, furent fondues les trois cloches de l'église de Nonant, sur une heure après minuit, *soubs les Halles de Nonant*, par Jean Aubert, père et fils, maîtres fondeurs de Lisieux.

*b)* Selon les *Archives départementales* (série C, n° 122) :

M. Louis du Plessis-Chastillon, marquis de Nonant, seigneur du Merlerault, dépose en 1753 une plainte au sujet « d'une carrière ouverte dans le bourg de Nonant, où les paroisses qui pour réparer la grande rue de ce bourg, ont tiré les pierres et le sable nécessaire pour aplanir le chemin d'*entre ses halles* et le cimetière de son église, y ont laissé un mosseau (sic) considérable de terre et de pierres, qui mettent en danger de tomber le cimetière et rend le chemin impraticable à pied et en carosse de chez lui à l'église (1). »

Le plan, joint à cette plainte, montre que les halles dont il s'agit se trouvaient « à environ 27 toises de l'angle du mur du cimetière sur la chaussée. »

*c)* Selon les archives de Nonant :

Un arrêté du Directoire de l'Orne, en date du 22 juillet 1793, exproprie les Halles de Nonant sur M$^{me}$ de Narbonne-Pelet, au profit de la commune, moyennant le prix de 347 livres.

Enfin, à partir de 1802, la jouissance des halles existe dans toutes les adjudications de la coutume des foires et marché, et ce bâtiment figure pour 1 are 80 centiares au plan cadastral établi en 1811 (section E, n° 78).

Le préfet de l'Orne, bien documenté sur les prétentions extravagantes du Merlerault, ayant refusé nettement l'autorisation d'entamer une procédure inutile, cette commune, qui voulait à prix accaparer tout le commerce du canton (2), chercha des alliances dans les centres voisins. On en trouve la preuve dans ce rapport du 18 juillet 1829, adressé au ministre de l'intérieur par le maire de Nonant :

Les habitants des cantons du Merlerault et de Gacé, depuis longtemps en rivalité, ont semblé se réunir et former une coalition aujourd'hui, afin de détruire le marché aux bestiaux du bourg de Nonant, rétabli il y a longtemps par un arrêté de S. E. le ministre de l'intérieur. Ces premiers, ayant déjà succombé dans deux tentatives, ralliés à ceux de Gacé, conservent l'espoir de réussir,

---

(1) Cet amas de terre, insufflsamment enlevé, explique la nécessité pour le constructeur de la mairie actuelle, de descendre les fondations jusqu'à 2 m. 66.
(2) Le Merlerault s'opposa vigoureusement à la création, le mercredi, d'un marché à Sainte-Gauburge.

Le bourg de Nonant, à une lieue du Merlerault et de trois de Gacé, situé au milieu de quatre routes de deuxième et troisième classes, augmente considérablement. L'établissement d'un marché était si nécessaire qu'avant même qu'il fut érigé et autorisé, il se faisait beaucoup d'affaires pour la boucherie tous les vendredis de chaque semaine. Au centre des herbages et des marchands du département, il a acquis une telle force qu'il serait bien difficile de le supprimer.

Le bourg de Gacé, au contraire, possède un marché tous les samedis depuis un temps immémorial, fort par les approvisionnements de denrées, halle au fils et toiles, qui correspond par ce jour là le lundi à Vimoutiers, qui est éloigné de quatre lieues de Gacé, et ne pourrait être transféré au vendredi sans souffrir considérablement, mais le désir de ne pas avoir de voisins ombrageux, a fait de lui faire oublier pour un instant ses intérêts les plus chers. C'est pourquoi, il nous est agréable de remettre sous les yeux de Son Excellence, qu'à l'époque du 15 avril au 15 juin, le Cholet vient à fournir sa marchandise dans notre pays, époque à laquelle les productions de l'endroit viennent à manquer. C'est dans ce court délai qu'il existe encore à Gacé un faible noyau qui leur fait rechercher auprès de Son Excellence les moyens de l'augmenter en essayant de détruire le marché de Nonant.

Le Merlerault et Gacé ne réussirent pas dans cette démarche collective : Nonant conservait son marché du vendredi, et pour comble d'infortune, Sainte-Gauburge, malgré l'opposition du Merlerault, obtenait le droit de tenir un marché le mercredi de chaque semaine.

*
* *

Depuis le rétablissement du marché de Nonant, la commune n'avait pas cru devoir exiger le paiement de droits de place, mais en 1834 elle décida de se montrer à l'avenir moins désintéressée. En effet, dans une délibération du 14 mai, elle expose « que le marché est principalement approvisionné par les herbagers de Nonant et communes circonvoisines, qui amènent chaque semaine 250 bœufs ou vaches pendant neuf mois consécutifs, 50 veaux pendant trois mois, et 100 moutons pendant six mois de l'année ; que le revenu des droits, tous frais déduits, s'élèverait à 600 francs, en faisant payer seulement 7 centimes et demi par bœuf, vache, cheval, mulet et âne, et 2 centimes et demi par veau, mouton, porc, bouc, chèvre ou chevreau. »

Les tarifs de cette perception furent approuvés le 29 décembre 1834 par le ministre de l'intérieur.

Mais, certains changements s'étant produits dans la situation économique de la contrée, Nonant sollicitait, en 1851, l'autorisation de tenir son marché le jeudi au lieu du vendredi. Le Conseil général repoussa cette demande sur le rapport de l'un de ses membres, M. Rousselet, avocat à Laigle :

La commune de Nonant désire que son marché hebdomadaire qui a lieu le vendredi soit transféré au jeudi.

Elle invoque d'une manière vague l'intérêt général et l'avantage pour les acheteurs de pouvoir, au moyen de ce changement, conduire leurs bestiaux au plus prochain marché de Sceaux.

Les communes de Courtomer, Briouze, Sainte-Gauburge, Vimoutiers et Chambois sont favorables à cette demande.

Celles d'Argentan, d'Ecouché, d'Exmes, de Gacé, du Merlerault, de Mortrée, de Putanges et de Trun la repoussent à divers points de vue. Il résulte de leurs observations que la translation dont il s'agit aurait pour but de faire concurrence aux marchés de Mortrée et de Trun qui ont lieu le jeudi ;

Qu'elle nuirait encore à celui de Putanges qui se tient le même jour ;

Que la commune d'Exmes demande elle-même l'autorisation d'avoir un marché le jeudi ;

Que cette innovation serait très préjudiciable au marché de bestiaux gras qui, de temps immémorial, se tient à Gacé tous les vendredis depuis Pâques jusqu'à la fin de juin, tandis que le marché actuel de Nonant, nul dans cet intervalle, ne lui porte aucun dommage.

Le Conseil d'arrondissement a pensé, à l'unanimité, que cette demande ne peut être accueillie.

La commission du Conseil général considérant que l'utilité publique du changement dont il s'agit n'est point démontrée et qu'il nuirait à des localités voisines, est d'avis qu'il n'y a pas lieu de l'autoriser.

Le Merlerault ne fut pas plus heureux lorsqu'en 1863 il voulut à son tour obtenir le transfert au mercredi de son marché du lundi. Cinq communes s'opposèrent à ce changement, surtout le conseil municipal de Nonant, comme il appert de sa délibération du 1$^{er}$ juillet :

Vu les différentes demandes, toujours exagérées et infructueuses, que le Merlerault a faites à plusieurs reprises, notamment en 1829, pour l'établissement d'un second marché, et en 1833 pour le changement seulement de ce marché au jeudi ;

Considérant que dans une délibération qu'à prise le Conseil municipal du Merlerault, à l'occasion d'un projet de transfèrement qu'avait Nonant d'une de ses foires (la *foire fleurie*), il alléguait en s'y opposant que cette foire devant se trouver une fois tous les sept ans le lundi, lui ferait perdre un marché à chacune de ces périodes ; chose de mauvais aloi quand il savait que trois de ses foires, qui se trouvent chaque année le samedi, font perdre à Nonant trois de ses marchés de la veille ;

Considérant que le vendredi est le jour le plus convenable pour les approvisionnements des marchés de Poissy et de Sceaux ;

Considérant enfin que si le Merlerault, qui a l'avantage d'avoir plusieurs foires, une forte halle aux grains, un fort marché de veaux, de vaches maigres et de toutes sortes de marchandises, mettait de côté ses idées égoïstes, il ne demanderait pas davantage ;

Est d'avis qu'il n'y a pas lieu de changer le jour du marché en question et prie instamment M. le Préfet de considérer comme non avenue la demande qu'en fait le Merlerault.

Au mois d'août suivant, le secrétaire de la municipalité de Nonant ajoutait en marge même de cette délibération, et avec une satisfaction non déguisée :

Le transfèrement du marché du Merlerault n'a pas eu lieu quoique le Conseil d'arrondissement, réuni le 20 juillet 1863, votât à l'unanimité pour le Merlerault. Le Conseil général, réuni le 24 août suivant, quoique le rapport de M. le Préfet fût pour le Merlerault, et après grands débats, la majorité est restée pour Nonant, Sainte-Gauburge, Mortrée, le Mesle-sur-Sarthe, Moulins-la-Marche, et que tout resterait dans l'état actuel.

Ce fut la fin des hostilités. Depuis lors, le Merlerault et Nonant vécurent toujours en bonne intelligence, chacune de ces communes se bornant à défendre de son mieux les intérêts de son commerce.

## La Foire fleurie

La *foire fleurie* qui, depuis 1800 au moins, existait en fait à Nonant, sinon en droit, figure au nombre de celles confirmées en 1821 par le ministre de l'intérieur. Elle se tenait, à l'origine, le 13 avril de chaque année, mais pour différentes raisons, la municipalité en demanda le transfert au vendredi précédant le dimanche de la Passion (1836 et 1838).

Le 8 novembre 1857, le Conseil municipal observait pourtant qu'il serait utile dans l'intérêt du commerce des bestiaux maigres, de demander à l'autorité supérieure que la *foire fleurie*, qui se tient le vendredi précédent le dimanche de la Passion, fut transférée au 6 mai de chaque année, « n'ayant plus à cette époque de bestiaux gras au marché de Nonant, puisque ce marché cesse tous les ans à Pâques jusqu'au premier vendredi de juillet et se tient à Gacé ».

La municipalité reconnaissait que cette foire aux bestiaux, fusionnée avec le marché, n'avait pas réussi et ne se tenait plus depuis quatre ans, malgré les sacrifices consentis par la commune parce que cette époque « n'était pas favorable au commerce sous le rapport des bestiaux maigres pour les peupleurs du pays et des environs ». Elle ajoute qu'à cette foire il se vendait « beaucoup de beurre, œufs, volailles, etc. pour Paris et Rouen », et qu'il existait à Nonant cinq maisons faisant coudre des gants.

Cette demande de transfert fut rejetée le 29 août 1857 par le ministre de l'agriculture et du commerce.

Depuis environ vingt ans, la foire fleurie a cessé d'exister malgré les louables efforts des municipalités qui se sont succédées à Nonant.

## La Foire Saint-Mathieu

### depuis l'an 1800

La foire Saint-Mathieu qui, comme on l'a vu dans un précédent chapitre, se tenait autrefois au réage de la Brière, fut transférée dans le bourg même de Nonant vers la fin du dix-septième siècle. Ce changement d'emplacement, en dehors de certaines considérations exposées dans le cours de cette notice, lui fit perdre beaucoup de son importance : l'agglomération était dépourvue de moyens de communications, alors que la Brière se trouvait à proximité du grand chemin de Sées qui, même dans certaines parties, remplaçait une voie romaine, dont on retrouvait facilement des traces il y a environ cinquante ans.

Les procès-verbaux d'adjudication, analysés à la fin de ce travail et qui constituent en réalité la bourse de la situation économique de la foire, montrent que la location de la coutume s'élevait en 1802 à 205 francs, en 1818 à 100 francs seulement, pour remonter en 1821 à 505 francs, puis en 1830 à 640 francs, grâce en partie à de nouveaux tarifs de perception plus avantageux pour les adjudicataires.

M. Valentin qui, par acquêt, avait succédé à la famille de Narbonne dans la propriété du château de Nonant, facilita le développement de la foire Saint-Mathieu comme on le voit dans les trois lettres suivantes :

*9 Mai 1835.*

Monsieur le Maire,

Vous aviez promis de m'écrire pour me donner l'assurance que la faculté que j'ai laissée jusqu'à ce jour à la commune de disposer de la cour Pignel pour y établir la foire de la Saint-Mathieu, n'était qu'une pure obligeance de ma part qui ne pourrait en aucun cas et dans aucun temps devenir pour le public une prétention d'usage et de droit.

Il me semble, Monsieur le Maire, que cette déclaration émanée de l'autorité municipale m'est nécessaire, que je dois y attacher de l'importance et qu'elle n'aurait pas dû être ajournée. Mais je ne puis attribuer cet ajournement qu'aux occupations multipliées auxquelles vous êtes obligé de vous livrer en ce moment (1). Veuillez donc, pour la bonne règle, avoir la complaisance de me mettre dans le cas de continuer à l'avenir à être utile au public en cette circonstance, comme je suis disposé à l'être toutes les fois que l'occasion s'en présentera.

Jacques Valentin.

---

*25 Août 1839.*

Monsieur le Maire,

M. Valentin m'a chargé de vous prévenir que la commune pourra disposer cette année, comme par le passé du Clos-Pignel, pour y établir la foire de la Saint-Mathieu.

Mais, vous avez sans doute remarqué, Monsieur, que les bestiaux de toute espèce conduits sur cet emplacement et le grand nombre de personnes qui s'y trouvent réunies pendant la foire, forment une agglomération trop compacte qui rend la circulation difficile et dangereuse.

Pour obvier aux graves inconvénients qui peuvent résulter de cet état de choses, M. Valentin pense qu'il faudrait donner un plus grand espace à la foire, pour faciliter cette circula-

---

(1) Le redressement de la route nationale dans le bourg de Nonant, le pavage du bourg, la réfection du clocher de l'église.

tion utile, commode et indispensable au public et en même temps favorable à la vente des bestiaux.

Il vous proposerait, en conséquence, d'établir le marché des bestiaux dans la partie de l'herbage des Coutures (plan cadastral n° 10), c'est-à-dire au côté nord du Clos Pignel, qui alors serait réservé exclusivement à tous ceux qui y établissent ordinairement des tentes, des échoppes, des spectacles, etc.

En sorte que, de cette disposition, il résulterait des avantages réciproques que vous pouvez apprécier dans l'intérêt du public et de la commune, comme dans celui de M. Valentin, qui d'ailleurs sera toujours disposé à se rendre utile et agréable à l'administration de Nonant.

HAVAGEAU (régisseur).

---

6 Novembre 1839.

Désirant toujours être utile à la commune de Nonant, je consentirai à continuer de mettre à la disposition de son administration un emplacement convenable pour qu'elle puisse établir la foire qui a lieu à la Saint-Mathieu de chaque année.

A cet effet, vous avez déjà reconnu que l'emplacement le plus avantageux, tant sous le rapport de son étendue que pour la sûreté et commodité publiques, est la pièce des Neuf-Acres-du-Couchis.

L'administration municipale de Nonant pourra donc disposer de cette pièce, en considérant toutefois que cette concession de ma part ne pourra dans aucun cas dégénérer en une servitude par prescription ou autrement, me réservant aussi de retirer cette permission quand bon me semblera, soit pour changer la nature du sol ou pour toute autre cause. Et attendu que l'administration communale est sur le point de renouveler le bail de la ferme des marchés et de la foire Saint-Mathieu, voici quelles seraient les dispositions qu'il serait utile de consigner dans le cahier des charges imposées aux fermiers en ce qui concerne le champ de foire : 1° les haies et clôtures seront exactement remises dans leur état primitif ; 2° les fermiers reboucheront soigneusement les trous pratiqués pour l'établissement des tentes et échoppes et rétabliront le gazon ;

3° enfin, ils seront passibles de tous les dommages qui pourraient avoir lieu par le fait de la foire et seront tenus de les réparer dans un délai de huit jours après la foire.

Jacques VALENTIN.

A partir de 1835, la Saint-Mathieu prit une extension si considérable qu'on l'appelait communément la *Petite-Guibray*. Elle constituait, en effet, une de ces *foires générales* où le public, faute de détaillants dans les campagnes et même dans les bourgs, s'approvisionnait de toutes choses pour une année. On attendait la Saint-Mathieu pour acheter ses parapluies, ses savons, sa vaisselle, ses étoffes que les tailleurs et *tailleuses* ouvraient sur place dans les fermes et maisons bourgeoises. Les jeunes filles attendaient aussi la Saint-Mathieu pour se faire percer les oreilles et y fixer des pendants d'or ou d'argent ; le fiancé achetait les *orreries* destinées à sa promise, et les cultivateurs trouvaient tout l'outillage et les objets nécessaires à l'exploitation des terres.

Pour bien nous rendre compte de ce qu'était en 1840 la foire Saint-Mathieu, les corps de métiers et les genres de commerce qui s'y trouvaient réprésentés, nous indiquerons ci-après les sommes perçues par les fermiers de la coutume.

**Tarifs des droits à percevoir aux foires de Saint-Mathieu et marchés de Nonant, approuvés par le Ministre de l'Intérieur, le 5 février 1840.**

*Sous la halle :*

ART. 1ᵉʳ — Les grandes places ou petits étaux occupant 8 mètres carrés, à raison de 0 fr. 75. . . . . . . . . . . 6 fr.
Les demi-places ou petits étaux (4 mètres carrés) . . 3 fr.

*Champ de foire :*

ART. 2. — Les tentes à café et débitants de cidre paieront indistinctement, par chaque place, 8 francs, étant censés occuper au moins 4 mètres sur le devant sur 6 mètres et demi de longueur, ci. . . . . . . . . . . . . . . . . . . . . 8 fr.
Tout mètre en plus sur la façade . . . . . . . . . . 2 fr.

Ceux qui se feraient délivrer plus de terrain à la suite et sur la longueur paieront un sou par mètre carré, ci . . 0 05

Art. 3. — Les loges à curiosités paieront par mètre courant sur la façade. . . . . . . . . . . . . . . . . . . . . 0 50

*Partout ailleurs :*

Art. 4. — Les places occupées par les bouchers, charcutiers, marchands de pain et fruits, rubaniers, marchands de fil, merciers, fripiers chapeliers, parapluies, ferblantiers, taillandiers, ferailleurs et autres d'un commerce analogue, sont taxés à raison de 0 fr. 30 par mètre carré . . . . . . . 0 30

Art. 5. — Une voiture chargée de marchandises et denrées étant censée occuper 6 mètres carrés à 0 15 par mètre. 0 90

Art. 6. — Les voitures vides, dételées ou délaissées, seront déposées dans un lieu qui sera indiqué à cet effet par l'autorité municipale, en dehors des marchés, paieront 0 fr. 30, étant censées occuper 6 mètres à 0 fr. 05, ci. . . . . . 0 30

Art. 7. — Les places occupées par les marchands faïenciers, cercles, pelles, fruitiers. etc., étalant sur place et étaux, sont taxés à raison de 0 fr. 15 par mètre. . . . . . . . . . . 0 15

Art. 8. — Chaque panier déposé par terre ou tenu à la main contenant de la marchandise en vente. . . . . . 0 05

*Places aux bestiaux pour les jours de foire :*

Art. 9 — Les chevaux, juments, ânes et ânesses et autres bêtes de somme, bœufs ou vaches. . . . . . . . . . . . 0 20

Art. 10. — Les cochons gras et maigres. . . . . . . 0 15

Art. 11. — Les moutons, brebis, agneaux, veaux et cochons de lait . . . . . . . . . . . . . . . . . . . . . . . . . 0 05

Art. 12. — Les oies et dindons . . . . . . . . . . . 0 03

Art. 13. — Les autres volailles . . . . . . . . . . . 0 02

Art. 14. — Le pesage public paiera par kilo. . . . . 0 02

*Places aux bestiaux pour les jours de marché :*

Art. 15. — Cheval, bœuf, vache, etc . . . . . . . . 0 10

Art. 16. — Veau, mouton, porc, chèvre ou chevreau. 0 03

*Marché hebdomadaire :*

Art. 17. — Il ne sera rien perçu sur les volailles, œufs, beurres, légumes, exposés tant sur la place que sous la halle, excepté pour le pesage du beurre, à raison de 2 centimes par kilogramme . . . . . . . . . . . . . . . . . . . . . . 0 02

Ces tarifs étaient encore en vigueur en 1861, date à laquelle M. Cornet, maire de Nonant, les fit publier par voie d'affiches. Cependant, une mention manuscrite posée au bas de ces documents énonçait que « dorénavant les bastringues et jeux de quilles paieraient 5 francs. »

La Saint-Mathieu attirait à Nonant un grand concours de peuple, marchands et promeneurs, que les hôtels ne pouvaient tous loger, encore bien que leurs granges, communs, chambres à coucher fussent transformées en salles à manger. Au surplus, les habitants des villes voisines préféraient, s'il faisait beau temps, prendre leurs repas sur l'herbe du champ de foire, où se trouvaient boulangers, charcutiers, fruitiers, marchands de melons. Pour la boisson, ils s'approvisionnaient aux nombreuses tentes qui, tenant tout un côté de l'emplacement, débitaient dans la journée plusieurs tonneaux de cidre apportés *tout brondis* sur les lieux.

Les chevaux de *bronze* tournaient avec un bruit d'enfer et les chansonniers ambulants, très nombreux à cette époque, obtenaient beaucoup de succès, malgré que l'attention publique fut attirée par d'autres spectacles, dont il ne reste plus guère aujourd'hui que le souvenir. Ici, des joueurs de gobelets gesticulaient sous leurs oripeaux chargés de paillettes d'or, fabriqués à Villedieu-les-Poëles ; des ménétriers chantaient le cantique de Saint-Hubert, et sur l'image naïve d'icelui, enfermée dans un triptique, bénissaient des bagues et des chapelets. Là, à côté des marchands d'images, des moralistes en blouse expliquaient d'une voix pitoyable les circonstances du crime célèbre, en glissant une baguette sur un tableau dont les dernières cases donnaient toujours le profil farouche de deux gendarmes et la perspective d'une guillotine. Plus loin, les théâtres de marionnettes ; les charlatans qui, aux sons d'une musique wagnérienne, faisaient parade de leur désintéressement en plongeant les bras dans des mannes remplies de pièces de cent sous ; des somnambules extra-lucides qui vous apprenaient si vous étiez payés de retour de la bien-aimée, et enfin, des trucs maintenant très éventés : femmes électriques, têtes parlantes, mangeurs de feu, etc. :

> Au bruit assourdissant des gongs et des trompettes,
> C'est à qui, le premier, fera son boniment :
> Voilà l'homme sauvage et les veaux à deux têtes,
> Le phoque apprivoisé qui dit « pa...pa, ma...man » ;
> La femme à barbe près du serpent à sonnettes.
> Et tout cela glapit, hurle à vous rendre fous :
> — Entrez, entrez tous, çà ne coûte que deux sous ! (1)

A partir de 1865, si l'on s'en rapporte au tableau des adjudications des droits de coutume, la foire Saint-Mathieu décroît d'année en année, et cette baisse commence précisément avec l'ouverture du chemin de fer, qui devait changer complètement la situation économique des provinces.

---

(1) Poésie de notre ami Ch. Pitou, de Senonches.

# Adjudication des Droits de coutume des Foires et Marchés de Nonant

—— 5 septembre 1802. — Adjudication de la coutume de la foire Saint-Mathieu, pour un an, à partir du 30 fructidor (17 septembre).

Le cahier de charges, établi par le conseil municipal le 13 février de la même année, prescrit :

1° Que la halle de Nonant sera affermée par adjudication avec la faculté de percevoir de chaque marchand dix centimes par pied de terrain qu'il occupera de face sur la place publique et dans le champ de foire ;

2° Que l'adjudicataire ne pourra percevoir plus de trois décimes par mètre pour les places hors de la halle et dans le champ de foire ;

3° Que le prix de chaque place entière sous la halle ne pourra être de plus de six francs ;

4° Que le nouvel emplacement de la halle facilitant l'établissement d'un rang double de boutiques au nord, on aura soin de conserver un intervalle suffisant pour éviter l'encombrement ;

5° Qu'enfin, l'adjudicataire sera tenu de s'approvisionner sur-le-champ, à la préfecture, d'une série de poids de fer parce que, pendant la durée de son bail, il remplira les fonctions de peseur public et percevra un décime par 50 kilogrammes. Le prix de ces poids lui sera rendu par le fermier qui lui succédera.

Adjudicataire : Guillaume - Philippe Lemoine, de Nonant. . . . . . . . . . . . . . . . . . . 205 francs.

—— 31 juillet 1803. — Adjudication, selon les mêmes tarifs, des droits de coutume de la foire Saint-Mathieu, pour 3, 6 ou 9 années, à partir du 17 septembre 1803.

Aux termes du cahier de charges, l'adjudicataire et peseur public ne pourra percevoir plus de trois décimes par mètre pour les places hors de la halle et dans le champ de foire, ni plus de cinq centimes pour chaque paquet de marchandises déposé par terre.

Adjudicataire : Pierre Fourrey, de Nonant, 207 francs.

—— 7 septembre 1806. — Adjudication des droits de la foire Saint-Mathieu pour 3, 6 ou 9 années, commençant le 18 septembre. Mêmes tarifs que les précédents sauf que le prix des tentes à café et des débitants de cidre dans le champ de foire sera doublé.

Adjudicataire : Guillaume-Philippe Lemoine, de Nonant. . . . . . . . . . . . . . . . . . . 202 francs.

—— 14 septembre 1809. — Adjudication des droits de la foire Saint-Mathieu pour 3, 6 ou 9 ans, à partir du 18 septembre. — Mêmes tarifs que les précédents.

« Le preneur, dit le cahier de charges, aura la faculté de jouir et disposer de la halle non-seulement pendant la durée de la foire mais autant que durera son bail pour être considéré comme logement à lui appartenant, et sera libre d'y mettre à couvert ce qui lui plaira, excepté cependant le cas où il serait à l'avenir établi un marché. »

Adjudicataire : Jacques Demaire. . . . . 186 francs.

—— 13 septembre 1812. — Adjudication des droits de coutume de la foire Saint-Mathieu pour 3, 6 ou 9 ans, à partir du 18 septembre. Les tarifs précédents ne sont pas modifiés, sauf que le peseur ne pourra plus prélever à l'avenir que 2 décimes par 50 kilogrammes.

Adjudicataire : Jean-François Fourrey, propriétaire, à Nonant . . . . . . . . . . . . . . . . . . 150 francs.

—— 17 septembre 1818. — Adjudication des droits de la foire Saint-Mathieu pour un an, à partir du 18 septembre.

Le cahier de charges parle d'un arrêté du préfet de l'Orne du 2 septembre, portant règlement et établissement d'une taxe municipale dans le bourg de Nonant sur les bestiaux et volailles qui seront exposés aux foires Saint-Mathieu des 18 et 22 septembre de chaque année. Mais cette perception ne commença qu'avec la foire de 1821.

Adjudicataire : Jacques Bretel. . . . . . 100 francs.

——— 16 septembre 1819. — Adjudication de la coutume de la foire Saint-Mathieu, pour 2 ans, finissant à la foire de 1820, les nouveaux tarifs ne devant être appliqués qu'en 1821.

Adjudicataire : Hommey, de Sées, par an, 212 francs.

——— 13 mai 1821. — Adjudication, à partir du 18 septembre, pour 6 ou 9 années, en conformité de l'arrêté préfectoral du 2 septembre 1818, « des droits sur tous les marchands qui occupent des places tant sous la halle que sur les places, champ de foire, et droits sur les bestiaux de toute espèce qui entrent aux foires Saint-Mathieu, des 18 et 22 septembre, occupant un emplacement sur les places, carrefours et autres lieux publics où les réunions ont ordinairement lieu, conformément au tarif.

Le cahier de charges prescrit que l'adjudicataire et ses préposés seront tenus, dans l'exercice de leur perception, de porter ostensiblement une plaque ou médaille qui les feront reconnaître, sur laquelle seront inscrits ces mots : *Taxe indirecte municipale.*

De plus, ajoute ce document, « avant d'entrer en exercice, les adjudicataires devront prêter devant le juge de paix le serment de fidélité au Roi et promettre d'apporter envers les contribuables les ménagements nécessaires pour que la taxe ne soit pas véxatoire et rigoureusement exacte aux tarifs ». Interdiction d'établir dans le cimetière, sous aucun prétexte, le poids public.

Adjudicataire : Louis-Georges Le Roux, marchand à Sées . . . . . . . . . . . . . . . . . . . 505 francs.

——— 11 juillet 1830. — Adjudication des droits de la

foire Saint-Mathieu pour 3, 6 ou 9 années, à partir du 18 septembre, conformément au tarif proposé par le Conseil municipal, le 4 juillet 1830 et à l'arrêté préfectoral du 8 du même mois.

En approuvant le cahier des charges, le sous-préfet d'Argentan déclare nulle la clause prescrivant aux agents de prêter serment, « ces individus chargés de la perception n'ayant aucun caractère public ».

Adjudicataire : François-Pierre-André-Barnabé Béchet, à Nonant, ayant pour cautions : François-Vincent Béchet, son père, blatier à Nonant et Pierre Mollière, jardinier à Saint-Germain-de-Clairefeuille. . . . . . . 640 francs.

---

Nota. — Par décision du ministre de l'intérieur en date du 4 juillet 1821, l'ancien marché aux grains et aux bestiaux est rétabli à Nonant le vendredi de chaque semaine et son ouverture fixée par le conseil municipal au 1er vendredi de septembre.

Il semble que les débuts de ce marché furent assez difficiles, car la commune ne se décidait qu'en 1834 à demander l'autorisation de percevoir une taxe sur les bestiaux qui l'approvisionnaient. Les tarifs produits reçurent l'approbation du ministre de l'intérieur, le 29 décembre de la même année. Nous n'avons, cependant, pas trouvé trace de l'adjudication, passée vraisemblablement avec effet du 1er janvier 1835 pour une période de 3 années.

En vue de distinguer les adjudications de la foire de celles du marché, nous ferons, dans la suite de ce chapitre, précéder le prix de location de la lettre F pour la foire Saint-Mathieu, de la lettre M pour le marché, et enfin de la lettre R quand, par surenchère, les deux locations seront réunies par la même personne.

---

―――― 18 juin 1837. — Adjudication pour 3 années, à compter du 1er janvier 1838, des droits à percevoir pour l'occupation des places pour les bestiaux qui approvisionnent le marché de Nonant tous les vendredis de chaque semaine, conformément au tarif proposé par le conseil municipal le 10 août 1834, approuvé par le ministre de l'intérieur le 29 décembre suivant.

Adjudicataire : Pierre Mollière, à Saint-Germain-de-Clairefeuille. . . . . . . . . . . . . . . M. 335 francs.

―― 8 mars 1840. — La commune ayant renoncé dans sa délibération du 3 novembre 1839 à provoquer des locations distinctes pour la foire et le marché — le bail de la foire venait d'expirer et celui du marché devant cesser le 31 décembre 1830 — décide que néanmoins rien ne sera changé aux tarifs approuvés par décision du 29 décembre 1834.

En conséquence, l'adjudication pour 3, 6 ou 9 années, à partir du 1ᵉʳ janvier 1840, portera sur les droits à percevoir aux foires Saint-Mathieu et sur les bestiaux mis en vente au marché de Nonant le vendredi de chaque semaine.

Aux termes du cahier de charges, l'adjudicataire aura seul droit de disposer du pesage public et de jouir du terrain compris entre les halles et le chenil du château, mais non de la place existant entre le cimetière et la mairie.

Adjudicataire : Jean-François Lemière, de Nonant.

R. 1.270 francs.

Lemière ayant renoncé à continuer la seconde période de son bail, la commune décida de revenir à l'ancien système : location distincte pour la perception des droits de la foire et de ceux du marché.

―― 21 décembre 1845. — Adjudication pour 3, 6 ou 9 années, à partir du 1ᵉʳ janvier 1846 :

1° Sur les bestiaux exposés tous les vendredis sur la place publique de Nonant ; la location et jouissance de la halle et du pesage public.

« L'adjudicataire, dit le cahier de charges, aura seul le bénéfice des droits sur les bestiaux mis en vente sur la place lorsque les foires et marchés tomberont le même jour de vendredi, qui est le jour du marché, comme il devra rendre libre la halle et autres lieux pendant la durée des foires dont le revenu appartiendra exclusivement à l'adjudicataire des foires.

Adjudicataire : Pierre Mollière, propriétaire à Saint-Germain-de-Clairefeuille. . . . . . . . . M. 390 francs.

2° Sur les droits à percevoir aux foires de la Saint-Mathieu seulement, 18 et 22 septembre. L'adjudicataire « sera tenu de planter le jour de la foire les poteaux qui sont déposés à la mairie, indiquant l'emplacement de chaque espèce de bestiaux et de les déplanter après la foire, le tout à ses frais et dépens ».

Adjudicataire : Pierre-François Morin, propriétaire, avec la caution de René Faucon, menuisier à Nonant.
F. 820 francs.

—— 28 décembre 1851. — Adjudication de la coutume des foires et marchés pour 3, 6 ou 9 années à partir du 1er janvier 1852, avec faculté de réunion.

1° Droits à percevoir sur les bestiaux mis en vente tous les vendredis, la location des halles et le pesage public.

Lemoine est déclaré adjudicataire. . . M. 360 francs.

2° Droits de la foire Saint-Mathieu. Ils sont adjugés à Pierre-François Morin. . . . . . . . . F. 820 francs.

Finalement, ce dernier réunit tous les droits, avec la caution d'Auguste Faucon, menuisier à Nonant. R. 1.190 francs.

—— 27 décembre 1854. — Adjudication des droits sur les foires et marchés pour 3, 6 ou 9 années à partir du 1er janvier 1855.

Aux termes du cahier de charges, le preneur, chargé du pesage, percevra seulement un centime un quart par kilog. et 2 centimes par kilog. lorsqu'il n'y aura plus de liards et demi-liards.

Adjudicataires :

1° Marché : Mollière, demeurant à Saint-Germain-de-Clairefeuille, avec la caution de Chérel fils, tourneur . . . . . . . . . . . . . . . . . M. 330 francs.

2° Foires Saint-Mathieu : René Faucon, menuisier. . . . . . . . . . . . . . . . . . F. 650 francs.

Enfin, tous ces droits sont adjugés par surenchère à Louis-Pierre Gislain, propriétaire à Nonant. R. 1.150 fr.

—— 6 décembre 1857. — Adjudication des foires et marchés pour 3, 6 ou 9 années, à compter du 1ᵉʳ janvier 1858.

Le cahier de charges spécifie « qu'aux marchés, le peseur public prendra 2 centimes par kilog. et n'aura pas droit de se faire payer au-dessous de 2 hectogr.; qu'au moment de la foire il ne pourra être perçu plus de 0 fr. 50 du mètre courant pour les loges à curiosités, et que l'adjudicataire aura soin de faire combler par les débitants les feux et trous qu'ils font devant leurs tentes de même que les autres marchands ».

Adjudicataires :
Marché : Ernoult, de Nonant. . . . . M. 320 francs.
Foires Saint-Mathieu : Mollière. . . . F. 780 francs.
Par surenchère, la location des foires et marchés est consentie à M. Faucon, de Nonant. . . R. 1.110 francs.

—— 18 novembre 1860.— Adjudication de la coutume des foires et marchés pour 6 ou 9 ans, à compter du 1ᵉʳ janvier 1861, avec faculté de réunion, à la charge par l'adjudicataire du marché de verser à son prédécesseur, outre la somme de 20 francs pour la série de poids, celle de 3 fr. 50, valeur de la clochette servant à l'ouverture du marché aux bestiaux.

Avrouin obtient la location du marché pour 365 francs.

Et les frères Collet, celle de la foire Saint-Mathieu pour 850 francs.

Ces derniers réunissent enfin les deux locations pour . . . . . . . . . . . . . . . . . R. 1.230 francs, avec la caution de leur père, Ch. Collet, menuisier à Saint-Germain-de-Clairefeuille.

—— 17 février 1867. — Adjudication des foires et marchés pour trois années consécutives à partir du 1ᵉʳ janvier 1867.

Le cahier de charges porte : 1° que le pesage sera désormais effectué gratuitement ; 2° que la Foire-fleurie étant considérée comme marché, les droits sur les bestiaux seront perçus au bénéfice de l'adjudicataire du marché ; 3° qu'en ce qui concerne les foires de Saint-Mathieu, il ne sera pas perçu de droits sur les voitures ne servant pas d'étaux, sur les curiosités et les voitures servant à leur transport, chevaux de bronze (sic), saltimbanques, etc.

Adjudicataires :

Marchés : Durand, menuisier. . . . . M. 310 francs.
Foires : Le même . . . . . . . . . . F. 600 francs.

Finalement, il est déclaré adjudicataire de tous les droits de coutume perçus à Nonant, sous la caution de son frère, Arsène, conducteur de dépêches au Mêle-sur-Sarthe. . . . . . . . . . . . . . . . . R. 1.100 francs.

▄▄▄ 7 novembre 1869. — Adjudication avec faculté de réunion des droits sur les foires et marchés pour 3, 6 ou 9 années, à compter du 1ᵉʳ janvier 1870.

Désiré Durand, menuisier, se présente seul ; il offre 400 francs pour le marché et 450 francs pour les foires. Il obtient enfin la réunion de tous les droits, toujours avec la caution de son frère, Arsène. . . R. 925 francs.

L'affaire fut désastreuse pour Durand. Le 19 octobre 1870, il demandait une réduction sur le prix de ses fermages « en raison des circonstances » qui ont occasionné un déficit considérable dans la recette des coutumes.

Il fournit la preuve, en effet, que de janvier à octobre 1870, il avait reçu. . . . . . . . . . . . . 596 fr. 77

Et payé, pour frais d'adjudication, patente
et *demi-année* de fermages. . . . . . . . . 529 fr. 31
sans compter le salaire des hommes qui lui venaient en aide les jours de foire.

Il est présumable que la commune consentit la réduction demandée ; dans tous les cas, Durand continua son bail jusqu'à la fin de la première période se terminant le 31 décembre 1872.

▄▄▄ 8 février 1874. — Dans sa délibération, le Conseil municipal déclare « qu'après avoir infructueusement essayé depuis un an à louer le produit des places aux foires et marchés de la commune », il prend le parti de le faire percevoir par un homme désigné à cet effet, dont la rétribution sera de 200 francs par an. Cette perception en régie s'effectua jusqu'au 31 décembre 1876.

— 24 décembre 1876. — Adjudication pour 3, 6 ou 9 années des droits réunis des foires et marchés, à compter du 1er janvier 1877, selon le cahier de charges et les tarifs du 10 décembre 1873.

Adjudicataire : André Servat, fermier d'octrois et marchés, demeurant à Saumur. . . . . . . R. 710 francs.

Il était représenté par un mandataire, M$^{me}$ Euphrasie Guibet, épouse de Ferdinand Aubin, régisseur de droits de place à Argentan.

Une réduction sur le prix des fermages paraît avoir été consentie en 1879, à la veille de l'expiration de la première période.

— 21 décembre 1885. — Adjudication des droits de foires et marchés pour 3, 6 ou 9 années, à partir du 1er janvier 1886.

M. Aubin, demeurant à Argentan, est déclaré adjudicataire avec la caution de Pierre Vittenet, receveur-buraliste à Nonant . . . . . . . . . . R. 585 francs.

M. Constant Mercier, gendarme en retraite, a succédé à M. Aubin comme locataire des droits de place jusqu'au 31 décembre 1900.

A partir du 1er janvier 1901, la coutume des foires et marchés a été perçue par la commune elle-même. L'entreprise a été des plus heureuses : le marché de Nonant est actuellement, et depuis plusieurs années, l'un des plus prospères de la région.

# CONCLUSION

Les foires et marchés ont perdu beaucoup de leur importance parce que les exigences de la vie moderne ne peuvent plus s'accommoder d'un mécanisme intermittent. Il n'existe plus guère, à l'heure actuelle, que deux *foires générales*, et encore sont-elles tenues à l'étranger : celle de Leipzig en Allemagne, et celle de Nijni-Norgorod en Russie ; cette dernière fait 400 millions d'affaires et réunit 2 à 300.000 personnes venues des extrémités de l'ancien continent.

Au XVIII$^e$ siècle, la Guibray était pour le nord-ouest de la France ce qu'était la foire de Beaucaire pour le midi ; elle a pu toutefois maintenir une partie de son commerce de chevaux. En 1820, on y vendait encore 4.000 chevaux, représentant une valeur de 6 à 7 millions, mais en 1913, l'octroi de Falaise relevait seulement l'entrée de 1722 chevaux, *dont la majeure partie, à livrer en gare, avait été achetée dans les fermes.*

C'est à dessein que nous soulignons cette constatation puisée dans un journal local : elle explique l'abandon progressif des foires et marchés, les cultivateurs n'éprouvant plus guère, en effet, le besoin de se déplacer pour tirer parti du produit de leur exploitation. Journellement ils sont visités par des marchands de bestiaux, chevaux et porcs, grâce à de nombreux moyens particuliers de transports, à l'accélération des chemins de fer, à la réduction de leurs tarifs et à la facilité des communications postales.

Les halles ?... A quoi bon, maintenant que les grains se vendent généralement sur échantillons ! Elles deviennent même si inutiles, qu'un certain nombre de municipalités les ont abattues sans songer à les réédifier, comme à Laigle, à Courtomer, etc., ou bien, si dans d'autres centres on les a conservées, ce n'a été souvent que pour y établir différents services municipaux ou des salles de spectacle.

D'autre part, les marchés sont de plus en plus anémiés par le *trust* du laitage, qui sous un semblant de bénéfice pour le cultivateur, ne laisse pas moins de priver les terres d'une partie de leur engrais naturel, de porter atteinte à la prospérité des basse-cours et de nuire enfin à l'élevage, le plus sûr revenu d'une exploitation sagement ordonnée.

Que dire maintenant du commerce local ? A première vue il semblerait péricliter, et pourtant — affirmation qui n'est point paradoxale — jamais il ne s'est fait autant d'affaires qu'à notre époque, mais jamais non plus il ne s'était révélé tant de négociants pour se partager les bénéfices du commerce national. Ainsi, selon une statistique ministérielle, les marchands dont le nombre était en 1866 de 858.312, s'est élevé en l'an 1896 à 1.492.921, soit une augmentation de 74 pour 100 ; ce qui a fait dire à M. Charles Gide que si la progression devait se continuer à ce taux, en moins de deux cents ans tous les habitants de la France seraient devenus commerçants !...

*Nonant-le-Pin, août 1913.*

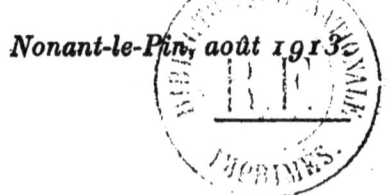

# TABLE DES MATIÈRES

Lettre-préface (Louis Duval) . . . . . . . . Pages VII à XIV
Origines des foires et marchés . . . . . . . . . . Page   1
La Foire Saint-Mathieu . . . . . . . . . . . . .  —   9
Les Agents du Marquis de Nonant sont malmenés
    à la foire Saint-Nicolas du Merlerault . . . . .  —  17
Le Marquis de Nonant verse au Trésor une année
    de revenus de ses foires et marchés . . . . . .  —  23
Nonant cherche à rétablir ses foires et son marché  —  27
Les Caisses patriotiques dans les cantons du
    Merlerault et de Nonant . . . . . . . . . . . .  —  33
La Disette . . . . . . . . . . . . . . . . . . . .  —  41
Les Halles . . . . . . . . . . . . . . . . . . . .  —  49
Le Marché de Nonant . . . . . . . . . . . . . .  —  53
La Foire fleurie . . . . . . . . . . . . . . . . .  —  63
La Foire Saint-Mathieu depuis l'an 1800 . . . .  —  65
Adjudication des droits de coutume des foires et
    marchés de Nonant . . . . . . . . . . . . . .  —  73
Conclusion . . . . . . . . . . . . . . . . . . .  —  83

## DU MÊME AUTEUR

Le Marquisat de Nonant, grand in-8º, 316 pages, avec illustrations. Alençon, Ory et Vente, imprimeurs, 1908.

Le Marquisat de Courtomer, grand in-8º, 200 pages, avec illustrations. Alençon, imprimerie Alençonnaise, 1913.

Le Bréviaire des Normands, in-12, 300 pages. Alençon, imprimerie Herpin, 1910.

Etc...

*Achevé d'imprimer
le 31 décembre 1913*

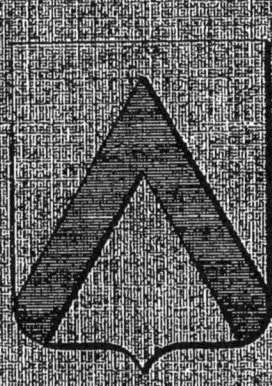